CONSULTATION

SUR

LE MARIAGE

DU JUIF

BORACH LEVI.

A PARIS, AU PALAIS,

Chez {

La Veuve de PAULUS-DU-MESNIL, Imprimeur-Libraire, au Lion d'Or.

KNAPEN, Imprimeur-Libraire, au Bon Protecteur, & à la Justice.

M. DCC. LVIII.

CONSULTATION

Du Juif B O R A C L E V I.

ORAC LEVI est né à Haguenau en Alsace, domination de France, Diocèse de Strasbourg. Ses pere & mere étoient Juifs. Il a été élevé dans leur Religion, marié à Haguenau, & a épousé Mandel Cerf, Juive comme lui. De ce mariage sont nées deux filles encore vivantes aujourd'hui.

Borac Levi étant venu à Paris, s'est fait instruire, a embrassé la Religion Catholique, & a été baptisé dans l'Eglise Paroissiale de Montmagny près Paris, le 10 Août 1752. Le 29 Mars 1755 il a fait baptiser à Villeneuve - sur - Bellot, Diocèse de Soissons, lieu de son domicile actuel, les deux filles qu'il a eues de son mariage avec Mandel Cerf.

Levi, depuis son Baptême, a plusieurs fois sommé sa femme de venir demeurer avec lui. Mais ses prieres,

A

ſes ſollicitations , & toutes ſes démarches ont été inu-
tiles auprès d'elle. Sur les refus perſéverans de Mandel
Cerf, eſt intervenue Sentence en l'Officialité de Straſbourg le 7 Novembre 1754, qui, vû les ſommations
faites par Levi, & les refus de Mandel Cerf, permet à
Levi de ſe pourvoir par mariage en face d'Egliſe,
laiſſant à Mandel Cerf la liberté de faire de ſon côté
ce qu'elle jugera à propos, & d'épouſer, ſi elle le
veut, un homme faiſant profeſſion de la Religion
Judaïque.

Levi dégagé par cette Sentence des engagemens
qu'il avoit contractés avec Mandel Cerf, penſa à s'unir
par mariage avec une perſonne Catholique. Il jetta
les yeux ſur Anne Thévart. Le 13 Juin 1755 il fait
ſignifier au Curé de Villeneuve-ſur-Bellot les ſommations qu'il avoit faites inutilement à Mandel Cerf
ſa femme, enſemble la Sentence de l'Officialité de
Straſbourg, en date du 7 Novembre 1754 ; & pour
parvenir à la célébration d'un nouveau mariage, il ſe
ſomme de publier ſes bans avec Anne Thévart. Le
Curé de Villeneuve refuſe de faire cette publica-
tion. Sur ce refus Levi le fait aſſigner en l'Officialité
de Soiſſons, où il intervient une premiere Sentence le
5 Septembre 1755, par laquelle Levi eſt déclaré,
quant-à-préſent, non-recevable dans ſa demande.
Cette Sentence paroît avoir eu pour motif quelques
défectuoſités que le Curé de Villeneuve avoit objectées à Levi dans la procédure qu'il avoit tenue contre ſa femme en l'Officialité de Straſbourg.

Levi, pour ôter tous les obſtacles qui dépendroient
de lui, répara ces défectuoſités prétendues, & préſenta
une nouvelle Requête en l'Officialité de Soiſſons le 17
Janvier 1756, à l'effet de parvenir enfin à la publi-

cation des bans, & à la célébration de son mariage avec Anne Thévart. Seconde Sentence rendue en l'Officialité de Soissons le cinq Février 1756, qui déclare Levi définitivement non-recevable dans sa demande.

Levi a interjetté en la Cour appel comme d'abus de ces deux Sentences. Est-il bien-fondé dans son appel ? Et peut-il valablement contracter dans l'Eglise Catholique dont il est devenu membre par son Baptême, un nouveau mariage pendant la vie de Mandel Cerf sa femme, quoique celle-ci ait refusé, sans doute à cause de son attachement à la Religion Judaïque, de venir demeurer avec Levi, qui est aujourd'hui un Nouveau-Converti ? Le Conseil est prié de donner son avis sur la question de droit, indépendamment des circon-stances particulieres de domicile, ou autres qui pourroient se rencontrer dans le fait. En un mot, un Payen, un Mahometan marié légitimement selon les Loix de sa Nation, se convertit ensuite, embrasse la véritable Foi, & reçoit le Baptême dans l'Eglise Ca-tholique : Peut-il valablement se marier à une Catho-lique ; sa femme, ou les femmes qu'il a épousées dans l'infidélité étant encore vivantes ? Le peut-il au moins, dans le cas où la femme infidelle refuse de venir habiter avec le mari fidele ? Voilà la question à laquelle le Conseil est prié de répondre.

A V I S.

L E C O N S E I L soussigné qui a vû le Mémoire à consulter :

E S T I M E, que l'appel comme d'abus interjetté par Levi, de la premiere Sentence qui a été rendue contre lui en l'Officialité de Soiſſons ; paroît inſoutenable. Cette Sentence le déclare quant-à-préſent non-recevable dans ſa demande, parce qu'il n'avoit pas agi envers Mendel Cerf avec toute la prudence, la tendreſſe, la charité, & la piété qu'on doit attendre d'un Nouveau-Converti. Il n'avoit pas fait à ſa femme aſſez de ſommations, pour conſtater la perſévérance de ſon refus de venir demeurer avec lui. Il ne lui avoit pas fait ſignifier la Sentence de diſſolution de mariage, qu'il avoit obtenue en l'Officialité de Straſbourg. Et avant tout cela, il veut forcer un Curé de publier des bans, pour le mettre en état de contracter en face d'Egliſe un nouveau mariage. On ne craint pas d'aſſurer que le refus du Curé de Villeneuve dans de pareilles circonſtances, ne mérite que des éloges ; & que la premiere Sentence de l'Officialité de Soiſſons, intervenue en conſéquence de ce refus, eſt très-canonique, loin qu'on puiſſe l'attaquer par la voye de l'appel comme d'abus. Auſſi Levi s'eſt-il hâté depuis cette premiere Sentence, de réparer les défectuoſités réelles que le Curé de Villeneuve lui avoit objectées en l'Officialité de Soiſſons.

Levi ne peut donc avoir de prétexte plauſible d'attaquer par la voye de l'appel comme d'abus, que la ſeconde Sentence rendue en la même Officialité le 5 Février 1756, par laquelle il eſt déclaré définitivement non-recevable dans ſa demande. L'Official de Soiſſons a commencé par éloigner la demande de Levi, *quant-à-préſent*, parce que la procédure qu'il avoit tenue à Straſbourg contre ſa femme, n'étoit pas en regle, quand il a ſommé la premiere fois le Curé de Villeneuve de publier ſes bans avec Anne Thévart. Levi s'eſt rectifié à cet égard, & il a enſuite préſenté fa Requête à l'Official de Soiſſons, à l'effet de parvenir au mariage dont il avoit formé le projet. L'Official s'eſt trouvé alors forcé de décider la queſtion du fond, c'eſt-à-dire la queſtion de droit, qui conſiſte à ſçavoir ſi un homme marié légitimement, peut en aucun cas, & pour quelque raiſon que ce ſoit, répudier ſa femme, pour en épouſer une autre de ſon vivant. L'Official de Soiſſons a décidé la négative par ſa ſeconde Sentence, en déclarant Levi définitivement non-recevable dans ſa demande. Le domicile de Levi ſur la Paroiſſe de Villeneuve n'a influé pour rien dans cette ſeconde Sentence. Si l'Official de Soiſſons eût penſé que ce Néophite n'avoit point un domicile ſuffiſant ſur la Paroiſſe de Villeneuve, Diocèſe de Soiſſons, il ne l'auroit pas déclaré définitivement non-recevable dans ſa demande ; il ſe feroit contenté de l'en débouter, quant-à-préſent, ſous prétexte qu'il n'auroit pas acquis juſqu'alors le domicile preſcrit par les Ordonnances, pour pouvoir être marié dans le Diocèſe de Soiſſons. D'ailleurs, Levi juſqu'à ſon Baptême, n'étoit proprement d'aucun Diocèſe, puiſqu'il étoit Juif. On ne peut donc pas lui appliquer les diſpoſitions de nos Ordonnances à cet égard. Louis XIV. par ſon Edit du mois de Mars 1697, *défend à tous Curés & Prêtres, tant ſéculiers que réguliers, de conjoindre en mariage autres perſonnes que ceux qui ſont leurs vrais & ordinaires Paroiſſiens, demeurans actuellement & publiquement dans leurs Paroiſſes, au moins depuis ſix mois, à l'égard de ceux qui demeuroient auparavant dans une autre Paroiſſe de la même Ville, ou dans le même Diocèſe ; & depuis un an pour ceux qui demeuroient dans un autre Diocèſe, ſi ce n'eſt qu'ils en ayent une permiſſion ſpéciale & par écrit du Curé des Parties qui contractent, ou de l'Ar-*

chevêque, *ou Evêque Diocèsain.* Il est évident que la disposition de cet Edit ne peut convenir à Levi, qui, pendant qu'il a demeuré à Haguenau dans le Diocèse de Strasbourg, n'avoit ni Archevêque, ni Evêque, ni Curé, ni domicile à l'effet de mariage à célébrer selon le Rit de l'Eglise Catholique. Pendant tout ce tems il a vêcu dans le Judaïsme, & on ne peut lui appliquer les Ordonnances de nos Rois, que depuis qu'il s'est fait Catholique. Depuis le 10 Août 1752 qu'il a été baptisé, ou il n'a eu aucun domicile fixe, ou il n'a pu l'avoir que dans le Diocèse de Paris, ou dans celui de Soissons. S'il n'a eu aucun domicile fixe, il est dans le cas des vagabonds que le Curé du domicile actuel peut marier avec la permission de l'Evêque Diocèsain. *C'est*, dit l'Auteur des Conferences de Paris sur le Mariage, *ce qui s'observe dans toute l'Eglise Latine ;* & c'est ce qui s'observe en particulier à l'égard des Néophites & Nouveaux-Convertis.

Tome 1, page 6.

Si Levi a eu depuis son Baptême un domicile fixe à Paris, il a acquis depuis ce tems jusqu'au commencement de 1756, un autre domicile d'un an dans le Diocèse de Soissons, ou il ne l'a pas acquis ? Si Levi avoit ce domicile d'un an au 5 Février 1756, il est évident que la qualité de son domicile n'a pas influé dans la seconde Sentence rendue par l'Official de Soissons, le même jour 5 Février 1756 ? S'il ne l'avoit pas encore acquis, l'Official ne pouvoit que le débouter, *quant-à-présent ;* & s'il le mettoit au rang des personnes qui n'ont aucun domicile fixe, il n'avoit d'autre parti à prendre, que de le renvoyer à M. l'Evêque de Soissons. L'Official de Soissons n'a rien fait de tout ce a. Il a déclaré Levi définitivement non-recevable dans sa demande. Il ne s'est donc pas décidé par la qualité du domicile de Levi ; & le Défenfeur de cet Official en la Cour, qui prétend tirer du défaut de domicile d'un an fur la Paroiffe de Villeneuve-fur-Bellot, un moyen victorieux pour fauver à cette Sentence l'abus que lui reproche Levi, invoque un moyen qui eft manifefte-ment contradiƈtoire à la Sentence même qu'il défend.

Il eft donc clair que l'Official de Soiffons a jugé, & n'a même jugé que la queftion de droit, par fa Sentence du 5 Février 1756 ; c'eft-à-dire, qu'il a décidé que Levi n'eft pas recevable dans fa demande à contraƈter mariage dans l'Eglife Catholique, & avec une perfonne Catholique, pendant la vie de Mendel Cerf fon époufe légitime. Ainfi le Confeil fouffigné, en examinant uniquement la queftion de droit fur laquelle on demande fon avis, difcutera par-là même l'interieur & le mérite intrinfeque de la Sentence du 5 Février 1756. En un mot, il difcutera fi l'Official a bien jugé en prononçant par cette Sentence, que Levi ne peut jamais fe remarier valablement pendant la vie de Mendel Cerf qu'il a légitimement prife pour fa femme dans le fein du Judaïfme, & dans la profeffion publique de cette Religion.

La queftion propofée dans le Mémoire à confulter, eft tout à la fois des plus importantes & des plus délicates. Elle eft des plus importantes, parce qu'on doit craindre de donner atteinte aux dogmes de l'unité & de l'indiffolubilité du mariage, qui font clairement révelés dans l'Evangile. Cette queftion, d'un autre côté, eft des plus délicates, parce que la difcipline de l'Eglife paroît autorifer depuis quelques fiécles les Néophites mariés dans l'Infidelité, à former un nouveau lien, lorfque les femmes qu'ils ont époufées avant leur Baptême, refufent de les fuivre & de

co-habiter avec eux depuis qu'ils font devenus Catholiques. La plûpart des Théologiens Scholaftiques
les plus célebres, comme Eftius & autres, prennent
la défenfe de cette difcipline moderne, & en fondent
principalement la légitimité fur la doctrine que Saint
Paul établit dans le feptiéme chapitre de fa premiere
Epître aux Corinthiens. Nos Canoniftes, comme
Gibert, Van-Efpen, de Hericourt, & autres qui
ont embraffé en foule, & peut-être un peu en aveu-
gles, l'interprétation que ces Théologiens ont donnée, chacun en fa maniere, à l'Epître de Saint Paul,
y ajoutent l'autorité de Gratien dans la feconde partie
de fon Décret, *Cauf.* 28, *quæft.* 1. *Can.* 3, 4, 5, 6,
7, 8, 9, 10, *quæft.* 2, *can.* 2; & celle du Pape Innocent III. dans le quatriéme Livre des Décretales, *tit.*
19, *chap.* 7 & 8.

On difcutera dans la fuite ces différentes autorités.
Il faut commencer par donner une idée du Mariage,
& des différens états par lefquels il a paffé depuis
Adam jufqu'à Jefus-Chrift. Ces notions, préalablement néceffaires, jetteront un grand jour fur la queftion propofée dans le Mémoire à confulter, écarteront
plus d'une erreur, & conduiront infenfiblement à la
décifion de la queftion.

I. Il eft certain que le Mariage dans fa premiere
inftitution, & tel que Dieu l'a formé entre Adam &
Eve, étoit l'union d'un feul homme & d'une feule
femme : *Ils feront deux dans une même chair.* Voilà l'état
de perfection dans lequel Dieu a créé le Mariage. Mais
cet état de perfection, fi bien afforti à l'état d'inno-
cence, ne forme pas fon effence, enforte qu'on ne
puiffe pas concevoir un mariage véritable & approuvé
de Dieu, dans un autre état qui feroit par lui-même

moins

moins parfait que celui dans lequel Dieu a créé nos premiers Peres. Saint Thomas l'affure de la maniere la plusprécife : *Il n'eſt pas contraire aux premiers préceptes de la Loi naturelle*, nous dit-il, *que le même homme ait pluſieurs femmes à la fois ; mais il eſt contre les premiers principes du Droit naturel, que la même femme ait pluſieurs maris à la fois* (*a*). Saint Auguſtin avoit établi le même principe longtems avant Saint Thomas. Le Saint Docteur parlant des tems qui ont précedé l'Evangile, avertit *qu'il n'étoit pas alors permis à la femme d'avoir pluſieurs maris, comme il étoit permis au mari d'avoir pluſieurs femmes* (*b*). Cela, ajoute Saint Auguſtin, *étoit regardé comme contraire à l'honnêteté publique* (*c*); *& n'étoit pas permis alors, ne l'eſt pas aujourd'hui, & ne le fera jamais* (*d*).

La raiſon de cette difference entre l'homme & la femme eſt double, felon Saint Auguſtin. Si une femme connoiſſoit plufieurs maris, elle rendroit l'état de fes enfans incertain. En fecond lieu, l'union d'une femme avec plufieurs maris, loin de la rendre plus féconde, eſt un obſtacle à la fécondité ; aulieu que le même homme peut mettre plufieurs femmes dans le cas d'avoir des enfans (*e*). Voilà la

---

(*a*) Unum virum habere plures uxores, non eſt contrà prima præcepta legis naturæ ; fed unam uxorem habere plures viros, eſt contrà prima præcepta legis naturæ. *Supplem. q. 65. art. 1. ad tertium.*

(*b*) Non ficut uni viro etiam plures habere licebat uxores ; ita uni fœminæ plures viros. *L. de bono conjug. c.* 17.

(*c*) Unam fœminam maritos habere plurimos, honeſtum non erat. *L.* 3. *de doct. Chriſtianâ, c.* 12.

(*d*) Nec tunc licuit, nec nunc licet, nec unquam licebit. *L. de bono conjug. c.* 18.

(*e*) Sufficiendæ prolis causâ, erat uxorum plurium fimul uni viro habendarum inculpabilis confuetudo ; & ideò unam fœminam maritos habere plurimos honeſtum non eſat ; non enim mulier eò eſt fœcundior ; fed meretricia potiùs turpitudo eſt, vel quæſtum vel liberos vulgò quærere. *L.*

raiſon pour laquelle la polygamie du côté des femmes eſt par elle-même contraire au Droit naturel &
à l'honnêteté publique ; au lieu que les premiers principes du Droit naturel ne la condamnent pas de la
part des hommes. Elle leur eſt donc permiſe, ſi
n'étant défendue aux hommes par aucune loi, elle
eſt d'ailleurs autoriſée par un long uſage qui par
lui-même a force de loi , & par une coûtume devenue par le laps du temps générale & univerſelle.

C'eſt par ce principe que Saint Auguſtin juſtifie
la polygamie des Patriarches & celle - même des
hommes qui vivoient dans l'Idolâtrie & dans le Pa-
ganiſme. *Le deſir de multiplier le Genre humain* , dit ce
Saint Docteur, *rendoit alors exempte de faute , la coûtume
où étoient les hommes d'avoir pluſieurs femmes à la fois.*
Lamech a ſans doute été très-coupable d'avoir donné
au monde le premier exemple de la polygamie. Il n'y
avoit alors ni loi ni coûtume qui l'autoriſât. Mais quand
elle a été une fois établie par l'uſage, elle n'étoit pas
criminelle dans ceux qui la pratiquoient, non pour ſatisfaire leurs paſſions, mais pour multiplier le Genre
humain , comme Abraham & Jacob.

Il y a , dit S. Auguſtin , *des péchés qui ſont contraires à
la nature & d'autres qui ſont contraires aux préceptes. Cela
poſé , ſur quel fondement peut-on faire un crime au ſaint
homme Jacob d'avoir eu pluſieurs femmes à la fois ? Si vous
conſultez la nature , il approchoit de ces femmes , non pour
ſatisfaire la paſſion , mais pour avoir des enfans. Si vous*

***

de doct. Chriſtianâ, c. 12. Duobus ſeu pluribus maritis vivis nullam legimus
ſerviſſe ſanctarum ; plures autem fœminas uni viro legimus , cùm gentis
illius ſocietas ſinebat, & temporis ratio ſuadebat: neque enim contrà naturam nuptiarum eſt. Plures enim fœminæ ab uno viro fetari poſſunt : una
verò à pluribus non poteſt. *L. de bono conjug. n.* 20.

consultez l'usage, c'étoit alors la coûtume dans le Pays de Jacob & dans les Pays circonvoisins. Enfin si vous con-sultez la Loi ; aucune ne le défendoit alors (a). Comme cela étoit établi dans l'usage & par la coûtume, il n'y avoit pas de crime. Je conviens que ce seroit un crime d'en faire autant aujourd'hui, parceque ce n'est plus l'usage aujour-d'hui (b). Théodoret raisonne à cet égard de la même maniére que S. Augustin, & justifie par le même principe le mariage d'Abraham avec Agar. *Quel crime a commis en cela Abraham*, demande Théodoret ; *que peut-on lui reprocher dans un temps où ni la nature ni aucune loi écrite ne défendoit à un homme d'avoir plusieurs femmes à la fois ?* (c)

Inutilement diroit-on que la polygamie n'a été permise aux Patriarches & à quelques-autres Saints de l'ancien Testament, que par dispense ou par une inspiration particuliere. Car cette dispense prétendue, est une pure imagination destituée de tout fondement. En effet toute dispense suppose nécessairement une loi qui défend ce pourquoi la dispense est accordée ; & Dieu n'a jamais fait de loi pour défendre la polygamie. Cette loi n'auroit obligé que les Israëlites, & alors il faut la chercher dans la loi de Moyse : où elle obligeoit aussi les autres Peuples ; & en ce cas il faut la faire re-

---

(a) Alia sunt peccata contrà naturam, alia contrà præcepta. Quæ cum ita sint, quid tandem criminis est quod de pluribus simul habitis uxoribus objicitur sancto viro Jacob ? Si naturam consulas, non lasciviendi sed gignendi causâ illis mulieribus utebatur. Si morem ; illo tempore atque in illis terris hoc factitabatur. Si præceptum ; nullâ lege prohibebatur.

(b) Quandò mos erat, crimen non erat, & nunc proptereà crimen est, quia mos non est. *L.* 22, *contra Faustum*, *cap.* 47.

(c) Quid peccavit Abraham, maximè cum neque natura neque lex ulla tunc scripta, plures ducere uxores prohiberet. *Theodoretus, quæst.* 67. *in Genes.*

monter plus haut que la loi écrite , & on n'en trouve aucune trace ni dans Moyſe ni avant Moyſe. Loin qu'il y ait dans la loi de Moyſe quelque texte qui condamne la polygamie ; toutes les fois qu'elle en parle , elle paroit en parler comme d'une choſe permiſe & légitime. Dans tous les temps du Peuple Juif , poſtérieurs à la loi de Moyſe , la polygamie ſemble toûjours être regardée ſur le même pied. Il ſeroit inutile d'en citer des exemples , puiſque tous les Théologiens en conviennent. Il eſt vrai que la plûpart d'entr'eux ſoutiennent que c'étoit par diſpenſe que la polygamie étoit dévenue légitime. Mais encore une fois , cette diſpenſe ſuppoſe une loi antérieure qui condamnât la polygamie , & ils ſont dans l'impoſſibilité de nous montrer cette loi , ſoit pour les Juifs , ſoit pour les Gentils.

Si la polygamie eût été défendue aux Gentils , Eſther n'auroit pû ſans crime ſe marier à Aſſuerus qui étoit déjà marié ; & Mardoché auroit auſſi été criminel, de donner les mains à un pareil mariage. C'eſt cependant ce que perſonne n'oſera ſoutenir. Ici on aura encore recours à une diſpenſe ; mais pour alléguer une diſpenſe avec fondement , il faut être en état de produire la loi dont la diſpenſe eſt accordée.

Les Docteurs de l'Egliſe n'ont pas connu cette loi prétendue , qu'on ne trouve en effet ni dans celle de Moyſe , ni dans les temps anterieures à la loi écrite. Ils n'alleguent pas cette loi pour condamner la polygamie da Lamech. Ils n'ont recours à aucune diſpenſe pour juſtifier la polygamie des Patriarches & des autres Saints de l'ancien Teſtament.

La diverſité des ſentimens des Théologiens ſur l'étendue qu'il faut donner à la diſpenſe au ſujet de la polygamie, est une nouvelle preuve de la supposition d'une loi qui l'ait defendue avant Jesus-Christ.

Le Pape Innocent III. ne l'accorde qu'aux Patriarches & aux Justes de l'ancien Testament, & celà sur une révelation qu'ils en auront reçue de Dieu. Mais son sentiment est tombé dans le discrédit; il est abandonné & même combattu par presque tous les Théologiens; & ils le réfutent avec avantage par un certain nombre d'exemples de l'ancien Testament, où la poligamie semble permise, quoiqu'on ne puisse pas soupçonner de revélation particuliere qui l'ait autorisée.

D'autres Théologiens, comme Estius, accordent cette dispense au Peuple Juif, & la refusent aux autres Nations. Mais le mariage d'Esther avec Assuerus prouve clairement la fausseté de cette opinion. Estius se tourne en plusieurs maniéres pour se débarasser de cette difficulté. Il y donne plusieurs réponses, mais aucune de ses réponses n'est satisfaisante.

Plusieurs autres Théologiens, comme Bellarmin & Juenin, étendent la dispense à tous les Peuples de la terre. Mais outre qu'ils sont aussi bien que les autres dans l'impuissance de déterminer en quel temps cette dispense a commencé & en quel temps elle a fini; ils transforment, comme Estius le remarque très-bien, en une dispense qui doit toujours être particuliére, une abrogation réelle de la loi, pour tout le temps où la dispense est supposée générale

Ainsi il faut conclure de ce conflit d'opinions qui se détruisent les unes les autres, que dans l'ancienne Loi il étoit permis aux hommes soit Juifs soit Gentils, d'avoir plusieurs femmes à la fois. Cette multitude de femmes étoit même dans le plan économique de la loi de Moyse, comme S. Augustin le remarque en plu-

Cap. *Gaudemus de divortiis.*

In 4 dist. 33, 5. 6.

ſieurs endroits de ſes Ouvrages. Dans cette loi figurative, le grand nombre d'enfans que pluſieurs femmes donnoient aux mêmes hommes, annonçoit cette multitude innombrable d'enfans ſpirituels que J. C. donneroit à l'Egliſe, ſous une loi plus parfaite qui devoit ſucceder à la loi charnelle & figurative. La polygamie conſiderée rélativement à cette propagation charnelle, n'avoit dans l'ancienne Loi rien de répréhenſible; elle étoit même un acte de Réligion & de vertu, quand la paſſion & la ſenſualité n'en étoient ni le motif ni le principe. Ces actes charnels qui étoient aſſortis au temps, ne diminuoient rien des vertus éminentes d'Abraham, de Jacob, des Patriarches & des autres Saints de la Loi ancienne. Quoiqu'ils euſſent pluſieurs femmes à la fois, ils étoient plus chaſtes & plus vertueux que les hommes qui ſe marient aujourd'hui, & qui épouſent, non pluſieurs, mais une ſeule femme, parce qu'ils ſont trop foibles pour garder la continence. (*a*)

(*a*) Dico illorum hominum non tantùm linguam, verùm etiam vitam fuiſſe Propheticam, totumque illud regnum Hebræorum magnum quemdam, quia & magni cujuſdam fuiſſe Prophetam. *S. Aug. lib.* 22, *contra Fauſtum, cap.* 24.

Abraham non prolis habendæ inſanâ cupiditate flagrabat; *ſed naturæ* ordinem ſervans, nihil humano concubitu agebat, niſi ut homo naſceretur. *Ibid. cap.* 30. — Sic propagandi voluntas pia fuit, quia concumbendi voluptas libidinoſa non fuit. *Ibid. cap.* 31. Sancti Patriarchæ conjugibus miſcebantur . . . Non concupiſcentiâ percipiendæ voluptatis, ſed providentiâ propagandæ ſucceſſionis; ac per hoc . . . . non illos libidinoſos multitudo faciebat uxorum. — *Quare credimus* non fruſtrà tam magnum honorem ſanctitatis tributum quibuſdam viris etiam plures uxores habentibus; niſi quia fieri poteſt ut imperator carnis animus tantâ temperantiæ poteſtate præpolleat, ut genitalis delectationis motum, inſitum naturæ mortalium ex providentiâ generandi, leges impoſitas non permittat excedere. *Ibid. cap.* 48.

Tunc, *id eſt ſub veteri lege*, plures inculpabiliter ducebant *uxores*, & qui ſe multò faciliùs continere poſſent, niſi aliud pietas illo tempore poſ-

A la polygamie on ajoûta bientôt le divorce. Moyse comme Législateur politique se trouva pour ainsi dire forcé de le tolerer dans les Juifs, pour éviter de plus grands maux. Il s'en explique ainsi au commencement du vingt-quatriéme Chapitre du Deuteronome. *Lorsqu'un homme aura épousé une femme, & qu'il se sera approché d'elle ; si elle ne trouve point grace devant ses yeux, mais qu'elle lui déplaise, parcequ'il aura découvert en elle quelque défaut honteux : il pourra faire un écrit de divorce, & le lui mettant entre les mains, il la renverra de sa maison.*

Si cette femme ainsi renvoyée, épouse un autre mari qui la répudie à son tour, ou qui vienne à mourir ; le premier mari ne pourra la reprendre pour sa femme, après qu'elle a été souillée ; car ce seroit une chose abominable aux yeux du Seigneur.

Ces paroles de Moyse prouvent que le divorce dans son intention ne devoit avoir d'autre effet que la séparation de corps & d'habitation, & que la femme repudiée qui épousoit un autre mari, se rendoit abominable aux yeux du Seigneur.

„ Si on examine ce que Moyse a écrit de la per-
„ mission qu'il accorde aux Juifs de repudier leurs
„ femmes, comme Jesus-Christ en a parlé lui-même,
„ & ce que les Peres en ont dit, on verra que bien

---

tularet. *S. Aug. l. de bono conjug. n.* 17. Quotquot ergò nunc sunt quibus dicitur, *si se non continent nubant,* non comparandæ sunt tunc etiam nubentibus sanctis. . . . . . Nam homines qui se non continent, tanquam ascendunt in nuptias gradu honestatis : Qui autem se sine dubio continerent si hoc illius temporis ratio permisisset, quodammodo descenderunt in nuptias gradu pietatis. . . . . . . Tunc enim ipsius pietatis erat operatio etiam carnaliter filios propagare ; quia illius populi generatio nuntia futurorum erat, & ad dispensationem Propheticam pertinebat. *S. Aug. l. de bono conjug. n.* 19. De suis nuptiis filios propter Christum quærebant, ad genus ejus secundùm carnem distinguendum ab omnibus gentibus. *Ibid. n.* 22.

,, loin d'être une preuve contre l'indiſſolubilité du
,, mariage des Juifs, l'écrit du divorce eſt, *ſelon l'Auteur*
Tome 1, page
74. ,, *des Conférences de Paris ſur le Mariage*, une preuve
,, qui peut paſſer pour certaine, que le mariage des
,, Juifs étoit veritablement indiſſoluble, & que Dieu ne
,, les a jamais diſpenſés de l'obſervation de l'indiſſo-
,, lubilité du mariage.

,, Car, comme dit Eſtius, cette permiſſion que Moy-
,, ſe & non le Seigneur avoit accordée aux Juifs, ne
,, les excuſoit pas de péché devant Dieu , mais les
,, exemptoit ſeulement de la peine temporelle que mé-
,, ritoient de ſubir ceux qui en violoient les Précep-
,, tes, c'eſt-à-dire d'être lapidés pour avoir violé la foi
,, conjugale , & de l'infamie qu'il y avoit devant les
,, hommes , de quitter ſa femme avec tant de ſcandale.
,, L'intention qui porta Moyſe à leur accorder cette
,, permiſſion , le fait aſſez connoître ; car, ſelon les
,, Saints Peres , ce Légiſlateur voyant que la paſſion
,, qui portoit les Juifs à ſouhaiter d'autres femmes, ou
,, plus riches , ou plus jeunes , ou plus belles , auroit
,, pû leur faire naître le deſſein de procurer la mort à
,, leurs épouſes , ou au moins de les maltraiter ; il aima
,, mieux par indulgence tolérer le divorce , que de les
,, voir les meurtriers de leurs femmes légitimes. Moyſe
,, ne fait donc que leur permettre un moindre mal
,, pour leur en faire éviter un plus grand ; *non diſſidium*
,, *concedens , ſed auferens homicidium :* Ce ſont les pa-
,, roles de Saint Jerôme.

9, contra Fauſt.
L. de bono con-
g. cap. 8. ,, Saint Auguſtin appuyant fortement ſur ce prin-
,, cipe , dit que la Loi même faiſoit connoître qu'il
,, étoit contre ſon intention que l'homme quittât ſa
,, femme. . . . .
Et en effet ,, Qu'eſt-ce que Moyſe accorda aux
,, Juifs

,, Juifs en leur permettant de repudier leurs femmes?
,, Il leur permit seulement de s'en féparer .... *auſſi la*
,, *femme renvoyée,* loin d'être autoriſée devant Dieu pour
,, pouvoir contracter un fecond mariage, il eſt au
,, contraire marqué expreſſement, que l'ayant fait, elle
,, s'étoit fouillée & étoit devenue abominable devant
,, le Seigneur.

,, L'Ecrit du divorce n'étoit donc pas une veritable
,, permiſſion, ni une difpenſe qui exemptât les Juifs
,, de péché, mais une ſimple tolerance, & on ne la
,, fouffroit que pour éviter un plus grand mal. C'eſt ce
,, qui a fait dire à S. Auguſtin, que lorſque Moyſe ac-
,, corda aux Juifs par condefcendance, qu'ils puſſent   *De bono conju[g]*
,, renvoyer leurs femmes en leur donnant un écrit: Il a   *cap.* 8.
,, fait voir par cette conduite, qu'il leur reprochoit
,, plutôt leurs divorces qu'il ne les approuvoit : *Quâ*
in re exprobratio potiùs quam approbatio repudii apparet....
,, Jeſus-Chriſt n'a pas parlé autrement de l'Ecrit du   Matth. chap. 1[9]
,, divorce, lorſqu'il a dit aux Phariſiens, que c'étoit
,, Moyſe & non le Seigneur qui l'avoit reglé, & qu'il
,, n'avoit permis ce divorce que malgré lui, y étant
,, contraint par la corruption du cœur des Juifs : C'eſt
,, la judicieuſe remarque de S. Jerôme, *Non Deus,*
,, *ſed Moyſes.*

Il ſuit de ce qu'on a dit juſqu'ici, 1°. Que le divorce
étoit univerſel chez les Juifs & les autres Nations,
quand Jeſus-Chriſt eſt venu dans le monde, & que
la pluralité des femmes qui n'eſt pas contraire aux premiers principes du Droit naturel, s'étoit établi par un
très-long uſage qui étoit devenu comme le Droit cou-
tumier de toutes les Nations. D'où il faut conclure,
qu'un Juif n'étoit pas obligé de repudier ſa femme pour
en prendre une autre ; qu'il le pouvoit faire ſans com-

mettre d'adultere ; qu'il n'avoit pas befoin d'attenter à fa vie & d'attendre fa mort, pour en époufer une féconde ; que cependant un Juif naturellement groffier, violent & paffionné pour une femme plus belle, plus jeune, plus riche, & jaloufe de n'avoir ni compagne ni rivale, auroit fouvent pû attenter à la vie d'une premiere femme, pour déterminer le cœur & l'inclination d'une feconde en fa faveur ; & c'eft en ce fens qu'il faut entendre ces paroles de S. Jerôme, *auferens homicidium.* 2°. Le divorce toleré par Moyfe dans le vingt-quatriéme Chapitre du Deuteronome ne rompoit pas le lien du mariage avec la femme qui étoit repudiée. Le Texte de la Loi, l'intention du Legiflateur, le fentiment des Peres de l'Eglife & des Théologiens réfiftent à l'opinion contraire. Le divorce toleroit la féparation de corps & d'habitation, mais il n'operoit pas la rupture du lien. Les Patriarches & les Saints de l'ancien teftament n'en ont jamais penfé autrement ; *& fi Abraham,* dit Eftius, *a chaffé Agar de chez lui, on ne doit regarder le renvoi de cette femme que comme une fimple féparation qui ne rompoit pas le lien du mariage qu'il avoit contracté avec elle.* Il faut néanmoins convenir que les Juifs charnels qui propoferent à Jefus-Chrift des queftions fur le divorce, n'en connoiffoient point d'autre que celui qui rompoit le lien du mariage ; comme il n'y en avoit point d'autre qui fût alors en ufage chez les Romains & parmi les autres Peuples.

III. Voilà l'état où étoit le mariage à l'avenement du Meffie. La poligamie étoit univerfellement autorifée, & le divorce rompoit de fait le lien du mariage. Jefus-Chrift le rappella à l'état de perfection dans lequel Dieu l'avoit inftitué au commencement du monde.

Conf. de Paris, Tome I. pag. 393.

Il défendit absolument la polygamie, & ne permit le divorce pour l'avenir, que dans le seul cas d'adultere ; encore ce divorce autorisé dans le cas d'adultere, ne rompt pas le lien du mariage, mais procure seulement une séparation de corps & d'habitation, comme dans le vingt-quatriéme Chapitre du Deuteronome. C'est en deux mots l'analyse de ce que S. Mathieu, S. Marc & S. Luc nous disent sur cette matiere ; car S. Jean n'en parle pas.

Mais pour bien entendre l'accord & l'harmonie de ces trois Evangelistes, il faut se rappeller un fait que S. Jerôme nous apprend sur le huitiéme Chapitre d'Isaïe. Il s'étoit élévé, dit-il, deux Sectes parmi les Juifs, dont l'une s'appelloit celle des Samméens, & l'autre celle des Hillianistes. Les premiers croioient qu'il n'étoit permis aux Juifs de répudier leurs femmes que dans le cas marqué au premier verset du vingt-quatriéme Chapitre du Deuteronome. Les seconds pensoient que cela étoit permis pour quelque cause que ce fût.

Ces deux Sectes voulant chacune engager Jesus-Christ dans son parti, & lui attirer la haine de celle qu'il condamneroit, vinrent lui demander son sentiment sur cette question.

Ils demanderent donc à Jesus-Christ pour le tenter: *Est-il permis à un homme de renvoyer sa femme pour quelque cause que ce soit?* Il leur répondit: *N'avez-vous point lû que celui qui a créé l'homme, créa au commencement un homme & une femme, & qu'il est dit :* „ C'est pour „ cela que l'homme quittera son pere & sa mere, & „ s'attachera à sa femme, & ils ne seront tous deux „ qu'une seule chair. *Ainsi ils ne sont plus deux, mais une seule chair. Que l'homme ne sépare donc pas ce que*

Matth. ch. 19 v. 3 & suiv.

Genes. ch. 2 v. 24.

C ij

Dieu a uni. Mais pourquoi, lui dirent-ils, *Moyſe a-t'il ordonné qu'on donnât à ſa femme un acte de divorce, & qu'on la renvoyât ?* Il leur répondit : *C'eſt à cauſe de la dureté de votre cœur, que Moyſe vous a permis de renvoyer vos femmes ; mais cela n'a pas été ainſi dès le commencement : Auſſi je vous déclare que quiconque quitte ſa femme, ſi ce n'eſt en cas d'adultere, & en épouſe une autre, eſt coupable d'adultere ; & que celui qui épouſe celle qui a été répudiée, devient auſſi adultere :* Ses Diſciples lui dirent : *Si telle eſt la condition d'un homme à l'égard de ſa femme, il n'eſt pas expedient de ſe marier.* Il leur dit : *Tous ne ſont pas capables de cette réſolution, mais ſeulement ceux qui ont reçu ce don ; car il y a des Eunuques qui ſont ſortis tels du ſein de leur mere ; il y en a que les hommes ont fait Eunuques, & il y en a qui ſe ſont faits eux-mêmes Eunuques, en renonçant au mariage pour le Royaume des Cieux.*

Saint Matthieu avoit déja enſeigné ch. 5., v. 31, 32. Il a été dit encore, (Deuter. ch. 24, v. 1,) *quiconque voudra renvoyer ſa femme, qu'il lui donne un acte de divorce ; & moi je vous dis que quiconque répudie ſa femme, ſi ce n'eſt en cas d'adultere, la fait devenir adultere ; & que celui qui en épouſe une qui a été répudiée, commet un adultere.*

Ch. 10, v. 2 &c.

Dans S. Marc ils demandent pareillement à JESUS-CHRIST pour le tenter : *Eſt-il permis à un homme de renvoyer ſa femme ?* Il leur répondit : *que vous a ordonné Moyſe ? Moyſe,* dirent-ils, *a permis de renvoyer ſa femme en lui donnant un acte de divorce.* JESUS leur dit, *c'eſt à cauſe de la dureté de votre cœur qu'il vous a fait cette ordonnance. Mais dès le commencement du monde, Dieu forma un homme & une femme, & il eſt dit, c'eſt pour cela que l'homme quittera ſon pere & ſa mere & s'at-*

tachera à sa femme, & ils ne seront tous deux qu'une seule chair ; ainsi ils ne sont plus deux, mais une seule chair. Que l'homme ne sépare donc pas ce que Dieu a uni. Quand il fut dans la maison, ses Disciples l'interrogerent encore sur le même sujet, & il leur dit : *Quiconque quitte sa femme & en épouse une autre, commet un adultere à l'égard de sa premiere femme ; & si une femme quitte son mari & en épouse un autre, elle commet un adultere.*

Enfin on ne trouve dans Saint Luc qu'un seul verset sur cette matiere. *Quiconque, dit il, renvoye sa femme & en épouse une autre, commet un adultere ; & quiconque épouse celle que son mari a répudiée, commet un adultere.* Ch. 16, v. 1

JESUS-CHRIST défend clairement la polygamie par ces dernieres paroles de Saint Marc & de Saint Luc : *Quiconque renvoye sa femme & en épouse une autre, commet un adultere.* Car s'il n'est pas permis en renvoyant sa femme, d'en épouser une seconde, il est encore moins permis d'en épouser une seconde en retenant la premiere. Il condamne aussi le divorce dans tous les hommes, par ce principe général, *que l'homme ne sépare donc pas ce que Dieu a uni* ; ce qui signifie : le mariage vient de Dieu ; c'est lui qui l'a institué & qui a uni ensemble un seul homme & une seule femme, sçavoir Adam & Eve. Les Pharisiens en convenoient, & il n'y avoit point à cet égard de diversité de sentiment entr'eux. „ Or, continue Jesus-Christ, l'homme n'a „ pas droit de rompre ce que Dieu a uni ;" autrement il feroit la loi à Dieu même, ce qui est impie & blasphêmatoire. Par conséquent le mariage est indissoluble, soit qu'on le considere du côté de Dieu qui l'a institué, soit qu'on l'envisage dans sa nature &

dans son essence qui renferme nécessairement l'idée d'une union indivisible, & d'un lien qui, selon Saint Augustin, est aussi indestructible que le caractere ou le sceau du Baptême est ineffaçable.

Ces réponses de Jesus-Christ confondirent & condamnerent les deux Sectes qui le consultoient. Il apprit aux Hillianistes qu'il n'est pas permis de renvoyer sa femme pour toutes sortes de causes ; il apprit aux Samméens qu'il ne sera plus permis de la renvoyer pour la cause même indiquée par Moyse, mais seulement pour cause d'adultere, crime qui, dans la Loi ancienne, étoit puni de mort, & non par la séparation & le divorce.

Saint Matthieu, chap. 5, versets 31 & 32, fait allusion à la cause de séparation autorisée par Moyse, & lui en substitue une autre pour la Loi nouvelle ; c'est l'adultere commis par la femme. Cette cause de séparation est différente de celle qui étoit autorisée par Moyse, mais elle lui ressemble néanmoins en quelque chose ; car, comme la cause de divorce autorisée par Moyse n'operoit de droit qu'une séparation de corps & d'habitation dans la Loi ancienne, & non une rupture du mariage ; de même, l'adultere est dans la Loi nouvelle un motif légitime de séparation de corps & d'habitation. Mais Saint Matthieu n'a jamais voulu faire entendre qu'il fût capable de dissoudre le lien du mariage.

En effet, l'Auteur des Conférences de Paris remarque, qu'il y a deux parties dans les paroles de Jesus-Christ rapportées par cet Evangeliste. La premiere comprend le droit que peut avoir un mari de se séparer de sa femme pour cause d'adultere. Et la seconde comprend ce qui lui est permis ou défendu après qu'il s'en eſt ſéparé. Or l'exception que met Jeſus-Chriſt, *ſi ce n'eſt en cas d'adultere*, ne tombe que ſur la premiere partie de ſa réponſe, c'eſt-à-dire, que le Fils de Dieu ne veut pas qu'un homme puiſſe, comme autrefois, renvoyer ſa femme pour quelque cauſe que ce ſoit, mais ſeulement pour cauſe d'adultere. Voilà ſur quoi tombe l'exception, mais elle ne tombe pas ſur la ſeconde partie. Car il ne faut pas croire que Jeſus-Chriſt ait voulu inſinuer dans cette réponſe, qu'il ſoit permis à un mari, non-ſeulement de renvoyer ſa femme pour cauſe d'adultere, mais même d'en épouſer une ſeconde, quand il a ainſi renvoyé la premiere. Si ç'eût été-là la penſée du Sauveur du monde, il auroit dit, ainſi que le remarque Eſtius d'après Saint Thomas : *Quiconque a renvoyé ſa femme, & en a épouſé une autre (hors le cas d'adultere) eſt adultere ;* & s'il ne s'eſt pas ſervi de ce tour & de ces expreſſions, c'eſt pour apprendre aux Juifs & à tous les hommes, qu'après avoir renvoyé une femme pour cauſe d'adultere, il n'eſt pas permis de ſe remarier à une autre pendant la vie de la femme adultere.

Il n'y a pas de doute que ce ne ſoit-là le ſens des paroles de Jeſus-Chriſt, puiſque ſes Diſciples les ont entendues de la ſorte ; & ils le marquent aſſez claire-ment dans S. Matthieu même, où ils demandent ce qu'un homme doit faire après s'être ſéparé de ſa femme ren-voyée pour cauſe d'adultere. J. C. ne leur répond qu'en faiſant l'éloge de la continence. Ils conclurent de ces paroles, qu'il ordonnoit à un homme ſéparé de ſa femme, de vivre dans la continence, ſans pouvoir ſe remarier de ſon vivant. Comme ils trouvoient cela bien dur, ils lui dirent : *Si telle eſt la condition de l'homme avec ſa femme, il eſt plus expédient de ne ſe point marier du tout.* Si Jesus-Christ eût pensé autrement que les Apôtres , qui comprirent que ce divin Maître avoit voulu enseigner aux hommes , que le divorce ne leur feroit plus permis , & qu'ils ne pouvoient rompre le lien du mariage ; n'auroit-il pas été de la sagesse & de la charité de Jesus-Christ , de les tirer de l'erreur ? Il ne le fait pas. Il fait au contraire l'éloge de la continence dans laquelle doit vivre un homme qui s'est séparé de sa femme , pour cause d'adultere , à moins qu'il ne veuille lui pardonner son infidélité , & la reprendre avec lui. Preuve certaine & infaillible que l'adultere ne peut rompre le lien du mariage.

Quelle différence réelle y a-t-il donc maintenant entre Saint Matthieu d'un côté, Saint Marc & Saint Luc , de l'autre ? Il n'y en a aucune. Saint Matthieu a dit tout ce qu'ont dit Saint Marc & Saint Luc ; mais il a dit une vérité de plus, qui a été passée sous silence par les deux autres Evangelistes. Saint Matthieu a dit que , comme il y avoit dans l'ancienne Loi une cause légitime de séparation de corps & d'habitation, il y en a une autre dans la Loi nouvelle, c'est l'adultere. S. Marc & Saint Luc n'en ont rien dit. Mais les trois Evange-listes se réunissent à dire que la polygamie sera à l'a-venir défendue , & que rien, soit du côté du mari, soit du côté de la femme, ne pourra jamais rompre le lien du mariage dans la Loi nouvelle, comme rien n'étoit capable de le rompre de droit dans la Loi an-cienne. Et pourquoi Saint Marc & Saint Luc n'ont-ils pas dit tout ce qu'a dit Saint Matthieu? C'est qu'ils ont répondu à la question proposée par les Pharisiens de l'une & l'autre Secte, de la maniere dont les Phari-siens la concevoient dans leur esprit. Car en deman-dant s'il étoit permis de répudier sa femme , pour

quelque

quelque caufe que ce fût, ou du moins pour quelques caufes particulieres ; c'eft, en partant de leurs idées, comme s'ils euffent propofé la queftion en ces termes : *Le divorce rompt-il le lien du mariage dans toute forte de cas, ou feulement dans quelque cas particulier ?* Saint Marc & Saint Luc ont répondu : *Le divorce ne rompt, & ne fçauroit jamais rompre le lien du mariage en aucun cas. La polygamie eft défendue pour l'avenir ; & tout mari qui, fous prétexte d'un divorce, époufera une autre femme, commettra un adultere. Toute femme qui, fous prétexte de répudiation, époufera un autre mari, commettra un adultere. Tout homme qui époufera une femme répudiée, pour quelque caufe que ce foit, même pour adultere, fera lui-même coupable d'adultere.* Voilà ce qu'enfeignent les trois Evangeliftes. Mais Saint Matthieu qui préfente la réponfe de Jefus-Chrift dans toute fon étendue, & avec l'allufion qu'il fit à l'efpece de divorce autorifé par Moyfe dans le Deuteronome, ajoute que quoique le divorce ne puiffe jamais rompre le lien du mariage, il y aura néanmoins un divorce autorifé dans la Loi nouvelle, comme il y en avoit un dans l'ancienne. Le divorce autorifé par Moyfe, étoit une féparation de corps & d'habitation dans certains cas particuliers. Il y en aura un femblable qui fera permis fous la Loi nouvelle, dans le cas de l'adultere de la femme. Le mari pourra alors la renvoyer ; mais dans ce cas-là même, il ne lui fera pas permis d'en époufer une autre de fon vivant. La femme féparée pour adultere ne pourra, fans un nouvel adultere, fe lier à un fecond mari, & celui qui l'époufera, fera lui-même un adultere.

Voilà l'intégrité des dogmes enfeignés par les trois Evangeliftes. Voilà la doctrine entiere de Jefus-

Chrift fur cette matiere : Doctrine dont on ne peut avoir un meilleur Interprete que Saint Paul. Or, cet Apôtre dit dans fon Epître aux Romains : *Une femme en puiffance de mari, eft liée par la Loi du mariage, tant que fon mari eft vivant, & elle n'en fera dégagée que par fa mort. Si donc elle a commerce avec un autre homme pendant la vie de fon mari, elle fera tenuë pour adultere. Mais fi fon mari vient à mourir, elle fera dès-lors affranchie de la Loi qui l'attachoit à fon mari, & elle pourra, fans être coupable d'adultere, en époufer un autre.* Il répete le même principe dans le feptiéme chapitre de fa premiere Epître aux Corinthiens, verfet 39. Cette maxime de l'Apôtre eft générale, & il n'y met d'exception pour aucun cas. Il ne parle, à la vérité, que de la femme ; mais la Loi eft la même pour le mari ; Et Saint Auguftin en fait la réflexion fur le verfet 39 du feptiéme chapitre de la premiere Epître aux Corinthiens (*a*).

Le faint Docteur dit encore que rien n'eft plus clair que les paroles de l'Epître aux Romains, pour prouver que le mariage eft indiffoluble ; & qu'on ne fçauroit, fans contredire la doctrine de l'Apôtre, prétendre que l'adultere puiffe rompre le lien du mariage. Si l'adultere diffout le mariage, continue Saint Auguftin, la femme commettra des adulteres pour fe marier à un autre, du vivant de fon mari ; le mari de fon côté en commettra, pour fe dégager de fa femme & en prendre une autre. Or, peut-on foupçonner que Jefus-Chrift, que Saint Matthieu, que Saint Paul,

____

(*a*) *Mulier alligata eft, quandiu vir ejus vivit.* Ergò confequenter & vir alligatus eft, quandiù mulier ejus vivit. Hæc alligatio facit ut aliis conjungi fine adulterinâ copulatione non poffint. Unde neceffe eft ex duobus conjugibus quatuor adulteros fieri, fi & illa alteri nupferit, & ille alteram duxerit. *L. 2, de conjug. adult. n. 8.*

ayent eu deſſein d'autoriſer des déſordres ſi affreux , &
qui révoltent également le Chriſtianiſme & la raiſon ?
(*a*). Cela réſulte néanmoins de la maxime impie
qu'on attribue à J. C. dans un texte de Saint Matthieu,
& dont on veut conclure que l'adultere diſſout le
lien du mariage. Preſque tous les Peres Latins ſe ſont
élevés contre cette erreur monſtrueuſe , qui , au rapport de l'Auteur des Conférences de Paris , n'a jamais
été autoriſée par les anciens Peres Grecs , comme Saint
Clement d'Alexandrie , Saint Gregoire de Nazianze ,
Saint Baſile , Saint Chryſoſtôme , & autres. Saint Auguſtin regarde l'erreur ſoutenue ſur ce point par les
nouveaux Grecs , & qui l'eſt par un grand nombre
d'autres aujourd'hui , comme une eſpece d'héréſie
contraire à la doctrine des Evangeliſtes , & de l'Apôtre
Saint Paul.

Auſſi le Concile de Trente nous dit-il , Canon 7
de ſa vingt-quatriéme Seſſion , que l'Egliſe a enſeigné,

(*a*) Hæc verba Apoſtoli totiens repetita , totiens inculcata vera ſunt,
viva ſunt , ſana ſunt , plana ſunt. Nullius viri poſterioris mulier uxor eſſe
incipit , niſi prioris eſſe deſierit. Eſſe autem deſinet uxor prioris , ſi moriatur vir ejus , non ſi fornicetur. Licitè itaque dimittitur conjux ob cauſam fornicationis ; ſed manet vinculum prioris , propter quod ſit reus
adulterii , qui dimiſſam duxerit etiam ob cauſam fornicationis. *L. 2 , de
conjug. adult. n.* 4
Si per conjugis adulterium conjugale ſolvitur vinculum , ſequitur illa
perverſitas , ut & mulier per impudicitiam ſolvatur hoc vinculo : quæ ſi
ſolvitur , libera erit à lege viri ; & ideò , quod inſipientiſſimè dicitur , non
erit adultera ſi fuerit cum alio viro , quia per adulterium liberata eſt à
lege viri. Quod ſi ita eſt à veritate devium , ut nullus id , non dico Chriſ-
tianus , ſed humanus ſenſus admittat ; profectò *mulier alligata eſt quándiu
vir ejus vivit ;* quod ut apertiùs dicam , quandiù vir ejus in corpore eſt.
Pari ergo formâ & vir alligatus eſt , quandiù mulier ejus in corpore eſt.
Undè ſi vult dimittere adulteram , non ducat alteram , ne quod in illâ
culpat , ipſe committat. Similiter & mulier ſi dimittit adulterum , non
ſibi copulet alterum ; alligata eſt enim quandiù vir ejus vivit ; nec à lege
viri niſi mortui liberatur , ut non ſit adultera ſi fuerit cum alio viro. *Ibid.*

D ij

& enſeigne, ſuivant la doctrine de l'Evangile & de l'Apôtre Saint Paul, que l'adultere de l'un des conjoints ne rompt pas le mariage ; que la Partie innocente ne peut pas ſe remarier pendant la vie de la Partie adultere ; que le mari, qui, après avoir renvoyé ſa femme adultere, en épouſe une autre, commet un adultere ; & que la femme eſt coupable du même crime, quand elle contracte un ſecond mariage du vivant du mari adultere dont elle s'eſt ſéparée. Le Concile *déclare anathême* à quiconque dira *que l'Egliſe eſt dans l'erreur*, quand elle enſeigne une pareille doctrine (*a*).

Si c'eſt un crime digne d'anathême, d'accuſer l'Egliſe d'erreur quand elle enſeigne que l'adultere ne rompt pas le mariage : C'eſt donc une vérité révelée, un dogme appartenant à la Foi, que l'adultere ne diſſout pas le lien du mariage. C'eſt pour cela que le Canon fut d'abord conçu en ces termes : *Si quelqu'un dit que le lien du mariage eſt rompu par l'adultere, & que l'un des conjoints peut contracter un autre mariage pendant que l'autre partie eſt vivante, qu'il ſoit anathême.* Mais les Ambaſſadeurs de Veniſe ayant repréſenté que ce Canon frappoit d'anathême la doctrine des Grecs qui habitoient les Iſles de leur République, on prit un tempérament qui fut, non d'anathêmatiſer ceux qui diſent que l'adultere rompt le lien du mariage, mais ceux qui diſent que l'Egliſe eſt dans l'erreur quand

---

(*a*) Si quis dixerit Eccleſiam errare, cum docuit & docet juxtà Evangelicam & Apoſtolicam Doctrinam, propter adulterium alterius conjugum matrimonii vinculum non poſſe diſſolvi ; & utrumque vel etiam innocentem qui cauſam adulterio non dedit, non poſſe altero conjuge vivente aliud matrimonium contrahere, mœcharique eum qui dimiſſâ adulterâ aliam duxerit, & eam quæ dimiſſo adultero alii nupſerit ; anathema ſit. *Conc. Trident. Can.* 6. *ſeſſ.* 24.

elle enseigne que l'adultere ne rompt pas le lien du mariage ; ce qui revient toûjours au même pour le fond de la doctrine.

Si l'adultere qui attaque directement la substance du mariage, est incapable d'en rompre le lien, comment la diversité de Religion, qui est en soi étrangere au mariage, pourroit-elle en dissoudre le lien ? Cette doctrine est inconséquente, & même absurde. Cependant Levi prétend que saint Paul l'enseigne dans le septième Chapitre de sa premiere Epitre aux Corinthiens. Mais si on examine bien ce Chapitre de saint Paul, on demeurera convaincu que Levi ajoûte au texte de l'Apôtre, qu'il le falsifie d'après Gratien, & que S. Paul bien entendu, loin d'autoriser le mariage que ce Néophite veut contracter avec Anne Thevart, dit expressément qu'il seroit un véritable adultere.

IV. Pour bien entendre le 7e Chapitre de la premiere Epître de saint Paul aux Corinthiens, il faut se souvenir que l'Apôtre y résout différentes questions que les Corinthiens lui avoient proposées sur le mariage, & auxquelles ils demandent la réponse dans une Lettre qu'ils lui avoient écrite (a). Quand on lit ce Chapitre avec une certaine attention, on reconnoît que ces questions peuvent se reduire au nombre de cinq.

Les Fideles de Corinthe demandent, 1°. Si l'usage du mariage ne doit pas être interdit à des per-

---

[a] Scripto transmiserant ad Paulum Corinthii sua quædam dubia de matrimonio, æque ejus usu & abstinentiâ. Apparet enim fuisse quosdam apud eos, qui dicerent debere Christianum hominem omnino à complexu mulieris abstinere. Quâ occasione tradit Apostolus toto hoc capite, saluberrimam & valde necessariam doctrinam de matrimonio, virginitate, & continentiâ. *Estius in Paulum.*

fonnes comme eux, qui font confacrées par état à une vie toute fpirituelle; au jeûne, à la morti-fication, à la pénitence & à la priere. S. Paul ré-pond à cette queftion depuis le verfet 1. jufqu'au verfet 7. inclufivement.

Les Corinthiens demandent en fecond lieu, fi les perfonnes veuves de l'un & de l'autre fexe peu-vent penfer à fe remarier. S. Paul fatisfait à cette queftion, *verfets 8 & 9.*

Ils demandent 3°, Si des perfonnes actuellement dans les liens du mariage, font en droit de fe féparer, au moins dans le cas où l'un des con-joints eft Chrétien & l'autre infidele. S. Paul éclaircit cette importante queftion depuis le ver-fet 10 jufqu'au verfet 24.

4°. On demande à l'Apôtre, fi les perfonnes qui n'ont point encore été mariées, doivent confa-crer leur virginité au Seigneur; & c'eft fur quoi S. Paul donne d'excellentes regles de conduite, depuis le verfet 25 jufqu'au verfet 38.

Enfin on demande fi le divorce autorifé chez les Juifs, & fi répandu parmi les Gentils, eft ab-folument interdit aux Chrétiens; & c'eft fur quoi S. Paul établit deux maximes générales, dont l'une eft un précepte indifpenfable, & la feconde eft un confeil.

Pour décider avec difcernement la queftion du Néophite marié avant fon baptême, & dont la femme vit encore dans le tems où il veut en époufer une feconde: il eft effentiel de bien en-tendre le Chapitre dont on vient de faire une cour-te analyfe: de découvrir la liaifon fimple & natu-relle de chaque verfet, après avoir foigneufement diftingué chacune des queftions aufquelles S. Paul est prié de répondre. Si on avoit approfondi le sens de ce Chapitre & le contexte des vérités que S. Paul y enseigne : les Theologiens & les Canonistes des derniers siécles n'auroient pas sans doute cru y voir une exception à un dogme géneral ; pendant que les premiers Chrétiens & la Tradition des dix premiers siécles de l'Eglise, n'y ont trouvé que la confirmation même du dogme, que *tout mariage une fois contracté légitimement, est absolument indissoluble. On ne peut jamais dissoudre un mariage qui a été contracté légitimement*, dit Domat dans son Traité des Loix. Il n'est donc aucun cas dans lequel il soit possible d'en rompre le lien. L'adultere n'en est point un ; la diversité de Religion & l'infidelité de l'un des conjoints l'est encore moins. *Le divorce*, dit saint Augustin, *ne rompt pas le lien conjugal. Le mari & la femme depuis leur séparation, sont toujours maris & femme comme auparavant, & ils ne peuvent du vivant l'un de l'autre former d'autres liens, sans se rendre coupables d'adultere* (a). C'est dans le Chapitre même de S. Paul invoqué par Levi, que le S. Docteur a puisé cette maxime inébranlable.

On commencera donc l'examen de la question proposée dans le Memoire à consulter, par l'explication & la traduction de ce Chapitre de S. Paul. On mettra d'un côté le texte de la Vulgate, rapproché du Grec ; & de l'autre la traduction Françoise en forme de paraphrase, afin de faire mieux sentir la liaison de la doctrine de S. Paul, & la distinction des questions ausquelles il répond.

Page 15.

(a) Interveniente divortio, non aboletur illa confœderatio nuptialis, ita ut sibi conjuges sint etiam separati ; cum illis autem adulterium committant quibus fuerint etiam post suum repudium copulati, vel illa viro, vel ille mulieri. *S. Aug. L. de bono conjug. n. 7.*

TEXTE LATIN DE LA VULGATE,

RAPPROCHÉ DU TEXTE GREC.

V. 1. *De quibus autem scripsistis mihi : bonum est homini mulierem non tangere.* Id est, jam verò quod attinet ad ea de quibus me per Epistolam consuluistis : *bonum est*, &c.

2. *Propter fornicationem autem* (vitandam) *unusquisque uxorem habeat, & unaquæque suum virum habeat.*

3. *Uxori vir debitum reddat ; similiter autem & uxor viro.*

4. *Mulier sui* (graecè *proprii*) *corporis potestatem non habet, sed vir. Similiter autem & vir sui* (graecè *proprii*) *corporis potestatem non habet, sed mulier.*

5. *Nolite fraudare invicem, nisi forte ex consensu ad tempus, ut vacetis orationi,* (graecè *ut vacetis jejunio & orationi ;*) *& iterùm revertimini in idipsum, ne tentet vos Satanas propter incontinentiam vestram.*

6. *Hoc autem dico secundùm indulgentiam, non secundùm imperium.*

7. *Volo enim omnes vos esse sicut meipsum :* (graecè *Volo enim omnes homines esse sicut meipsum.*) *Sed unusquisque proprium donum habet ex Deo, alius quidem sic, alius verò sic.*

TRADUCTION

TRADUCTION

DU 7E CHAPITRE DE LA I. EPITRE DE S. PAUL

AUX CORINTHIENS.

PREMIERE QUESTION.

L'usage du mariage ne doit-il pas être interdit à des personnes comme les premiers Chrétiens, qui sont consacrés par état à une vie toute spirituelle, au jeûne, à la mortification, à la pénitence & à la priere ?

V. 1. Pour venir maintenant aux questions sur le mariage, que vous me proposez dans votre Lettre; je répons à la premiere, que ce seroit un avantage pour l'homme de ne pas toucher à la femme.

2. Néanmoins, pour éviter la fornication, que chaque homme vive avec sa femme, & chaque femme avec son mari.

3. Que le mari rende à la femme ce qu'il lui doit, & que la femme rende de même ce qu'elle doit à son mari.

4. Le corps de la femme n'est point en sa puissance, mais en celle de son mari. De même le corps du mari n'est point en sa puissance, mais en celle de sa femme.

5. Ne vous refusez donc rien l'un à l'autre, si ce n'est de concert & pour un tems seulement, afin de pouvoir vaquer plus parfaitement au jeûne & à la priere; & ensuite vivez ensemble comme auparavant; de peur que le demon ne prenne occasion de votre foiblesse naturelle pour vous tenter.

6. Au reste, ce que je vous dis ici, n'est point un commandement qu'on entende vous faire; mais seulement une chose qu'on vous permet & qu'on vous accorde.

7. Car je voudrois que tous les hommes fussent à cet égard comme moi-même. Mais Dieu partage ses dons comme il lui plaît. Il les distribue à l'un d'une maniere, & à l'autre d'une autre; & je sçais, pour me renfermer dans l'espece dont Il s'agit) que la continence n'est pas donnée à tout le monde.

8. *Dico autem non nuptis & viduis : bonum est illis si sic permaneant sicut & ego.* Id est, dico viris & mulieribus priori matrimonio nunc solutis. De quo sensu vide Estium in hæc Pauli verba.

9. *Quòd si non se continent, nubant ; meliùs est enim nubere quàm uri.* Græcè, *Quòd si non continent, matrimonium contrahant ; meliùs est enim matrimonio jungi, quàm uri.*

10. *Iis autem qui matrimonio juncti sunt, præcipio, non ego, sed Dominus, uxorem à viro non discedere.* Græcè, *Conjugatis autem præcipio, non ego, sed Dominus, uxorem à viro non separari.*

11. *Quòd si discesserit* (a)*, manere innuptam, aut viro suo reconciliari ; & vir uxorem non dimittat.* Græcè, *Si verò & separata fuerit, maneat innupta, aut viro suo reconcilïetur ; & virum dimittere uxorem ; id est, præcipio virum non dimittere, &c.* Viro suo reconcilietur : id est, Revertatur ad virum suum. *Estius.*

12. *Nam cæteris ego dico, non Dominus : Si*

______

(*a*) Sive propter fornicationem viri, vel quia ab illo dimissa est ob quamcumque causam, ut solent tam Gentiles, quam Judæi suas uxores dimittere. *Estius.*

SECONDE QUESTION.

Les personnes veuves de l'un & l'autre sexe ne doivent-elles pas regarder la continence comme un devoir pour elles, & en conséquence, leur est-il permis de penser à se remarier ?

8. Quant aux personnes de l'un & de l'autre sexe, qui ont été autrefois dans les liens du mariage, & qui sont maintenant en viduité ; je leur déclare qu'il est plus avantageux pour elles de rester dans l'état où elles sont, & de vivre comme moi dans la continence.

9. Si cependant elles sont trop foibles pour la garder, qu'elles se marient ; car il vaut mieux se marier que de brûler.

TROISIEME QUESTION.

Des personnes actuellement dans les liens du mariage, sont-elles en droit de se séparer, au moins dans le cas où l'un des conjoints est Chrétien, & l'autre infidele ?

10. & 11. Pour ce qui est des personnes de l'un & de l'autre sexe, qui sont actuellement engagées dans les liens du mariage ; c'est le Seigneur lui-même qui commande à la femme de ne pas se séparer de son mari, & qui lui défend de se remarier dans le cas où elle s'en sépareroit. La femme séparée n'a d'autre parti à prendre, que de garder la continence, ou de revenir avec son mari. Le Seigneur défend pareillement au mari de se séparer de sa femme sans une cause juste & légitime.

12. Ainsi dans la regle générale, la femme ne doit pas se séparer de son mari, ni le mari se séparer de sa femme. C'est la loi du Seigneur. Mais cette loi ne souffre-t-elle pas

quis frater uxorem habet infidelem, & hæc consentit habitare cum illo, non dimittat illam.

Cæteris ego dico : Hæc verba continent peculiarem casum, cum illis quæ dixit de conjuge non remittendâ cohærentem. *Estius.* Ad imparia, scilicet, hoc est, ubi non ambo Christiani fuerant, conjugia loquitur. *S. August. L. 1. de Conjug. adult. n. 14.*

13. *Et si quæ mulier fidelis habet virum infidelem, & hic consentit habitare cum illâ, non dimittat virum.*

14. *Sanctificatus est enim vir infidelis per mulierem fidelem, & sanctificata est mulier infidelis per virum fidelem; alioquin filii vestri immundi essent, nunc autem sancti sunt.*

15. *Quòd si infidelis discedit, discedat; non enim servituti subjectus est frater aut soror in hujusmodi; in pace autem vocavit nos Deus.* Syriacè, *Si infidelis separat se, separet se.* Græcè, *Si infidelis separatur, separetur :* aut; *Si infidelis seorsum habitat, seorsum habitet; frater enim & soror in talibus non subjicitur tanquam servus; quippe ad pacem vocavit nos Deus.*

16. *Unde enim scis, mulier; si virum salvum*

d'exception, & doit-elle avoir lieu en particulier dans l'espece que vous me proposez dans votre Lettre, c'est-à-dire, quand l'un des conjoints est Chrétien, & l'autre infidele ? Dans cette espece, il n'y a point de précepte du Seigneur, qui ordonne ou qui défende la séparation. Je n'ai donc pas de précepte à vous présenter ici, & par conséquent je me trouve réduit à ne vous proposer que des avis. Or voici ce que je pense à cet égard : Si un de nos freres a une femme infidelle, qui consente de demeurer avec lui, qu'il ne s'en sépare pas.

13. Et si une femme fidelle a un mari infidele, qui consente de demeurer avec elle, qu'elle ne se sépare point de lui.

14. Car le mari infidele est sanctifié par la femme fidelle, & la femme infidelle est sanctifiée par le mari fidele. Autrement vos enfans seroient encore aujourd'hui dans le même état où ils étoient lorsque les deux conjoints avoient le malheur de vivre l'un & l'autre dans l'infidélité, c'est-à-dire, qu'ils seroient souillés & impurs. Cependant ils sont saints, parce que la partie fidele a eu soin de leur procurer la grace du baptême qui les a lavés de toutes leurs iniquités.

15. Si cependant la Partie infidelle se sépare ; si elle se retire pour se choisir un domicile à l'écart ; qu'elle se sépare, qu'elle se retire, qu'elle vive à part. Car, en des cas pareils, notre frere ou notre sœur ne sont point obligés de suivre comme des esclaves la Partie infidelle qui abandonne l'autre par passion, par humeur, par caprice, par antipathie, en haine de la véritable Religion, en un mot, sans cause légitime. Dans ces circonstances, un Chrétien n'est point obligé de regretter, ni de courir après une cohabitation qui étoit un sujet de divisions, de querelles & de dissensions continuelles ; car Dieu nous a appellés nous autres Chrétiens, à vivre dans la paix, dans l'union & la concorde.

16. Il est vrai que cette séparation & , pour ainsi dire, cette fuite de la Partie infidelle, fait presque désesperer de son salut. C'est pour cela que la Partie fidelle doit tâcher de l'empêcher, autant qu'il sera en elle, par la douceur, la patience, par toutes les complaisances qui sont permises

*facies? aut unde scis, vir, si mulierem salvam fa-
cies?*

Unde enim scis: id est, Fortasse enim, ô mulier,
virum, &c. Apud Hebræos illa phrasis, *Qui scis,*
vel *Quis scit,* probabilem, &, ut ita dicam, spera-
bilem facit affirmantem interrogationis partem. Sic
Joel, 2. *Quis scit si convertatur, & ignoscet Deus?*
Estius.

17. *Nisi unicuique sicut divisit Dominus, unum-
quemque sicut vocavit Deus ita ambulet, & sicut in
omnibus Ecclesiis doceo.* (a)

Nisi eumdem sensum hìc habere videtur ac *præ-
tereà,* seu, adde, quod.

18. *Circumcisus aliquis vocatus est? Non addu-
cat præputium. In præputio aliquis vocatus est?
Non circumcidatur.*

19. *Circumcisio nihil est, & præputium nihil est;
sed observatio mandatorum Dei.*

20. *Unusquisque in quâ vocatione vocatus est, in
eâ permaneat.*

21. *Servus es, non sit tibi curæ; sed etsi potes
fieri liber, magis utere.*

22. *Qui in Domino vocatus est servus, libertus
est Domini: similiter, qui liber vocatus est, servus
est Christi.*

23. *Pretio empti estis; nolite fieri servi hominum.*
Pretio (emphaticè) d'un grand prix.

(a) Estius innuit versiculum 17 & sequentes præcedentibus cohæ-
rere, illorumque esse probationem, seu potiùs confirmationem. Sic
tamen habe posteriora hæc antecedentibus agglutinari, ut simul in-
telligas Apostolum obiter, & consultò arreptâ occasione, docere non
pauca, servis utilissima & saluberrima.

à un Chrétien, par la priere, par les larmes & les gémiſſe-
mens. Car ces différens moyens peuvent enfin devenir
entre les mains de la femme fidelle, l'occaſion de la ſanc-
tification du mari infidele, comme ils peuvent ſervir au
mari fidéle pour gagner à J. C. la femme infidelle. C'eſt
pour cela qu'il ne faut ſe décider pour la ſéparation, qu'à
la derniere extrêmité.

17. Pour confirmer ce que je viens de vous dire, il ſuffit de vous rappeller une regle générale que j'enſeigne dans
toutes les Egliſes; c'eſt que chacun doit mettre à profit le
don particulier que Dieu lui a départi, & demeurer, autant qu'il peut, dans l'état où il étoit quand le Seigneur l'a
appellé.

18. Ainſi, quelqu'un a-t-il été appellé à la foi étant circoncis? qu'il n'efface pas les marques de la circonſion. S'il
a été appellé étant incirconcis, qu'il ne le faſſe pas cir-
concire.

19. Et dans la vérité, ce n'eſt rien d'être circoncis,
comme ce n'eſt rien d'être incirconcis; mais le tout eſt d'ob-
ſerver les Commandemens de Dieu.

20. Encore une fois, que chacun demeure dans l'état où
il étoit lorſqu'il a été appellé.

21. Avez-vous été appellé étant eſclave? ne portez pas
cet état avec peine; mais plutôt faites-en un bon uſage en
y demeurant, quand même vous pourriez devenir libres.

22. Car celui qui, étant eſclave, eſt appellé au ſervice
du Seigneur, devient dès ce moment affranchi du Seigneur;
comme celui qui a été appellé étant libre, devient lui-même eſclave de J. C.

23. Pour ſupporter avec joye votre eſclavage ſelon le
monde, il ſuffit de vous rappeller que vous avez été ra-
chetés d'un grand prix, que le ſang d'un Dieu fait homme
vous a tirés de l'eſclavage du péché, & que cet eſclavage
eſt le ſeul qui doive vous faire rougir. Rendez donc à
vos Maîtres le ſervice que vous leur devez; mais ne les
rendez pas d'une maniere toute humaine, & en ne regar-
dant que l'homme; mais ſouvenez-vous que, dans tout ce
que vous faites, vous êtes moins les ſerviteurs des hommes,
que de Jeſus-Chriſt même.

24. *Unusquisque in quo vocatus est, Fratres, in hoc permaneat apud Deum.*

25. *De Virginibus autem præceptum Domini non habeo ; consilium autem do, tanquam misericordiam consecutus à Domino ut sim fidelis.*

26. *Existimo ergò hoc bonum esse propter instantem necessitatem, quoniam bonum est homini sic esse.*

Propter instantem necessitatem, id est, propter hujus fæculi molestias & incommoda quæ plurima secum trahit status conjugalis. *Estius.*

Bonum est homini. Dicens *homini*, consilium suum facit commune utrique sexui, ne quis ad solas fœminas virgines referat. *Estius.*

27. *Alligatus es uxori ? noli quærere solutionem. Solutus es ab uxore ? noli quærere uxorem.*

Solutus es ab uxore, id est, nunquam ligatus fuisti ; nam & qui nunquam habuerunt, vulgò soluti dicuntur. *Estius.*

28. *Si autem acceperis uxorem (græcè) sed etsi uxorem acceperis, non peccasti ; & si nupserit Virgo, non peccavit : tribulationem tamen carnis habebunt hujusmodi ; ego autem vobis parco.*

Sanctus Basilius, lib. de virginitate, conjugium vocat *dolorum officinam.* Undè Sanctus Augustinus in libro de sanctâ virginitate, cap. 16. *Istam*, inquit, *tribulationem carnis, quam nupturis prædicit Apostolus, suscipere tolerandam perstultum esset, nisi metueretur*

24. Je ne cefferai de vous le répeter, mes freres; que chacun de vous demeure au fervice de Dieu, dans l'état où il étoit quand il a été appellé à la Foi; & par une fuite de cette regle de conduite, que j'inculpe par-tout; que la femme qui étoit mariée à un infidele avant fa converfion, faffe tout ce qu'elle pourra pour vivre avec lui, depuis qu'elle eft devenue Chrétienne. Que le mari Chrétien tienne la même conduite à l'égard de la femme infidelle qu'il a époufée avant qu'il fût éclairé des lumieres de la Foi.

QUATRIEME QUESTION.

Les perfonnes de l'un & de l'autre fexe qui n'ont point encore été mariées, doivent-elles confacrer à Dieu leur virginité?

V. 25. Je dis fur cette Queftion ce que j'ai déja dit fur deux époux dont l'un eft Chrétien & l'autre Infidele; c'eft qu'il n'y a point à cet égard, de précepte du Seigneur qui ordonne ou qui défende de fe marier. Ainfi je me bornerai à vous donner encore ici un confeil que vous recevrez comme le confeil d'un homme qui a reçu de Dieu la grace d'être fidele aux devoirs de fon miniftere.

26. Je crois donc, à caufe des peines, des afflictions & des fouffrances en grand nombre qui accompagnent le mariage, qu'il eft plus avantageux à ceux qui ne font pas mariés, de refter dans l'état où ils font.

27. Avez-vous une femme? ne cherchez point à rompre vos liens. (a) Avez-vous été libre jufqu'à préfent? ne cherchez point à vous lier.

28. Au refte, fi un homme époufe une femme, il ne péche pas. Si une fille fe marie, elle ne péche pas non plus. Mais ces perfonnes fouffriront dans leur chair bien

____

(a) S. Paul le défend expreffément, ℣. 10 & 11 *fupra*. ℣. 39, *infrà*; & dans fon Epitre aux Romains, Chap. 7. ℣. 2. 3.

F

metueretur incontinentibus , ne tentante Satanâ , in peccata damnabilia laberentur.

29. *Hoc itaque dico (græcè) hoc autem dico, Fratres ; tempus breve eſt ; reliquum eſt ut qui habent uxores, tanquam non habentes ſint.*

30. *Et qui flent tanquam non flentes ; & qui gaudent, tanquam non gaudentes; & qui emunt, tanquam non poſſidentes.*

31. *Et qui utuntur hoc mundo, tanquam non utantur; præterit enim figura hujus mundi.*

32. *Volo autem vos ſine ſollicitudine eſſe. Qui ſine uxore eſt, ſollicitus eſt quæ Domini ſunt, quomodo placeat Deo.*

33. *Qui autem cum uxore eſt, ſollicitus eſt quæ ſunt mundi, quomodo placeat uxori, & diviſus eſt.*

34. *Et mulier innupta, & virgo cogitat quæ Domini ſunt, ut ſit ſancta corpore & ſpiritu. Quæ autem nupta eſt, cogitat quæ ſunt mundi, quomodo placeat viro.*

35. *Porrò hoc ad utilitatem veſtram dico, non ut laqueum vobis injiciam, ſed ad id quod honeſtum eſt, & quod facultatem præbeat ſine impedimento Dominum obſecrandi.*

36. *Si quis autem turpem ſe videri exiſtimat ſuper virgine ſuâ, quod ſit ſuperadulta, & ita oportet fieri; quod vult faciat ; non peccat ſi nubat.*

37. *Nam qui ſtatuit in corde ſuo firmus , non*

des maux que je voudrois vous épargner comme à me enfans.

29. Voici donc, mes freres, ce que j'ai à vous dire, en confidérant la brieveté de la vie. Le tems eſt court, & celui qui nous reſte à paſſer ſur la terre, ſera bientôt écoulé. Ainſi, que ceux qui ont des femmes, en ſoient détachés comme s'ils n'en avoient point.

30. Que ceux qui pleurent, ſoient comme s'ils ne pleuroient point ; ceux qui ſont dans la joye, comme s'ils n'y étoient pas ; ceux qui achetent, comme ne poſſedant point.

31. Et ceux qui uſent de ce monde, comme n'en uſant pas ; car la figure de ce monde paſſe.

32. Pourquoi donc s'y livrer aux ſoins & aux ſollicitudes qui ſont inſéparables du Mariage ? Celui qui n'a pas de femme, n'eſt occupé que du Seigneur & des moyens de lui plaire.

33. Mais quand un homme eſt une fois marié, il s'occupe des moyens de plaire à ſa femme, & par là il ſe trouve partagé entre Dieu & le monde.

34. De même une veuve & une fille s'occupe uniquement du Seigneur & des moyens de devenir ſainte de corps & d'eſprit. Eſt-elle mariée, elle penſe aux choſes de ce monde & aux moyens de plaire à ſon mari.

35. Au reſte ce que je vous dis ici, n'eſt pas pour vous tendre un piege, en vous conſeillant de reſter dans un état qui ſeroit au deſſus de vos forces, mais uniquement pour votre avantage, & pour vous donner un moyen d'écarter les obſtacles qui pourroient vous empêcher de vous attacher à Dieu, & de le ſervir ſans partage.

36. Je ſçais qu'une fille n'eſt pas pleinement maitreſſe de ſa volonté par rapport au mariage ; le pere y a une autorité qu'il tient également de la nature & de la Loi. Si donc un pere regarde comme un deshonneur pour lui d'avoir dans ſa maiſon une fille qui n'eſt point encore mariée, quoiqu'elle ſoit déjà parvenue à un âge mûr, il eſt le maitre de faire ce qu'il voudra, & il ne pêche pas s'il la marie.

37. Si un autre n'eſt pas touché par le motif dont je viens de parler ; ſi d'ailleurs n'étant déterminé ni par l'inclination

habens neceſſitatem; poteſtatem autem habens ſuæ voluntatis, & hoc judicavit in corde ſuo, ſervare virginem ſuam, benè facit.

38. Igitur & qui matrimonio jungit virginem ſuam, benè facit; & qui non jungit, meliùs facit.

39. Mulier alligata eſt legi quanto tempore vir ejus vivit; quod ſi dormierit vir ejus, liberata eſt, cui vult nubat, tantùm in Domino. Græcè mulier ligata eſt lege, ſcilicet matrimonii, quanto tempore vir ejus vivit. Si autem & dormierit vir ejus, libera eſt cui vult nubere, tantùm in Domino.

40. Beatior autem erit ſi ſic permanſerit ſecundùm meum conſilium. Puto autem quod & ego ſpiritum Dei habeam. Græcè beatior autem eſt, ſi ſic maneat ſecundùm meam ſententiam. &c.

de sa fille pour le mariage, ni par aucune autre raison qui fasse pencher sa volonté, il prend la ferme resolution de conserver sa fille dans l'état de virginité, auquel elle désire elle-même de se consacrer, il fait bien de ne la pas marier.

38. Ainsi celui qui marie sa fille, fait bien, & celui qui ne la marie pas, fait encore mieux.

CINQUIÉME QUESTION.

Sur le divorce qui du tems de St. Paul, étoit si commun parmi les Juifs & les Gentils.

39. Vous me demandez enfin si le divorce autorisé parmi les Juifs & les Gentils, est permis aux Chrétiens : je vous répons que non, parce que tout mariage contracté légitimement est, selon la doctrine du Seigneur, revelée dans l'Evangile, absolument indissoluble. Que la femme sçache donc qu'elle est liée par la loi du mariage, tant que son mari est vivant, & que tout autre mariage lui est interdit avant sa mort ; mais s'il vient à mourir, elle est dégagée de ses premiers liens, & il n'est point de loi qui l'empêche alors de se remarier à qui elle voudra. Qu'elle se souvienne néanmoins qu'elle ne doit se marier que dans le Seigneur.

40. Mais si elle veut m'en croire, elle restera dans l'état de liberté que la mort de son mari lui aura rendu ; elle y sera plus heureuse que dans un second mariage. Ce n'est point ici à la vérité un précepte, un devoir ; elle ne pêche pas si elle se détermine à prendre un second mari, après que la mort lui aura enlevé le premier : ce qui auroit été un crime avant cette mort, est permis depuis qu'elle est arrivée. Mais encore une fois, je lui conseille de ne pas user de cette liberté ; elle sera plus heureuse en restant comme elle est ; & quand je lui parle ainsi, je crois que c'est l'esprit de Dieu qui parle par ma bouche.

V. Voilà l'explication simple & naturelle du septiéme Chapitre de la premiere Epître de S. Paul aux Corinthiens; & il est évident que ce Chapitre ne prouve rien en faveur de Lévi. Pour s'en convaincre, il suffit de parcourir les cinq questions dans lesquelles on l'a partagé.

La premiere, depuis le verset 1 jusqu'au verset 8, ne regarde que les devoirs du mari & de la femme, l'un envers l'autre.

Dans la réponse à la seconde question, S. Paul conseille aux personnes veuves de l'un & de l'autre sexe, de ne pas se remarier. Dans la réponse à la quatriéme, il donne le même conseil à ceux qui n'ont jamais été mariés; & dans la réponse à la cinquiéme, il dit que le divorce, quoiqu'autorisé parmi les Juifs, est absolument défendu par la Loi Evangélique; & qu'une femme une fois unie par les liens du mariage, ne peut les rompre que par la mort naturelle de son mari. Il en est de même du mari, relativement à sa femme; il n'en peut épouser une seconde, qu'après la mort de la premiere. Toute cette doctrine, loin de favoriser la prétention de Lévi, la combat de la maniere la plus formelle.

Dans l'espece particuliere renfermée sous la troisiéme question (espece qui est celle même de Lévi) S. Paul présente encore quelque chose de plus précis contre lui. Les Corinthiens demandent à l'Apôtre, si un mari fidele & chrétien ne peut pas abandonner une femme payenne & infidelle; & si la femme fidelle n'est pas autorisée à son tour, & par le même principe, à abandonner le mari infidele.

Pour premiere réponse à cette question, l'Apôtre

47

établit d’avance, comme une maxime inébranlable,
& comme un précepte de Jésus-Christ même, que
la femme ne doit pas quitter son mari ; & que si elle
le quitte, elle doit s’interdire un second mariage,
garder la continence, ou retourner avec son mari.
Il ordonne la même chose au mari, à l’égard de la
femme. Voilà l’indissolubilité du lien, établie de la
maniere la plus claire & la plus authentique : aussi
depuis le verset 12 jusqu’au verset 15, S. Paul ne
parle plus que de la séparation d’habitation ; & cela
dans l’espece où l’un des deux époux est Chrétien,
& l’autre Infidele, ou Payen. L’Apôtre nous enseigne que le mari fidele ne doit pas renvoyer la
femme infidelle, *si elle consent de demeurer avec lui :*
il dit pareillement à la femme fidelle, de ne pas
abandonner son mari infidele, *s’il consent de demeu-*
rer avec elle. Mais si la partie infidelle se sépare par
haine, par antipatie, par passion, par esprit de dis-
corde, de querelles & de dissentions continuelles,
la partie fidelle n’est point obligée alors de courir
après l’infidelle, parce que Jésus-Christ a appellé
les Chrétiens à vivre dans l’union & dans la paix.
Il est évident que cette séparation *à thoro* n’est
qu’une séparation d’habitation, comme S. Paul le
dit deux fois, *versets 12 & 13 ;* c’est, en un mot,
cette espece de séparation accordée parce qu’on ne
peut pas vivre dans l’union & dans *la paix :* séparation qui emporte avec elle la défense de contracter un nouveau mariage, *manere innuptam.* N’être
pas esclave jusqu’au point d’être obligé de courir
après la partie infidele qui se retire ; n’être pas forcé
de vivre & de cohabiter avec elle en pareil cas, est-
ce avoir par cela même le droit de rompre ses liens,

& de se remarier à un autre? Non sans doute: S. Paul décide qu'ils ne peuvent se rompre que par la mort. Le *discedit* du verset 15, est le même mot, & renferme la même idée que le *discesserit* du verset 11. Selon le texte grec de ces deux versets, il n'y est question que d'une simple séparation: *Si separatur, si separata fuerit, si seorsùm habitare voluerit*: or la simple séparation n'autorise pas à former de nouveaux liens, puisque S. Paul défend à la femme séparée de son mari, de contracter un nouveau mariage: *Si discesserit, manere innuptam.*

Ainsi S. Paul défend dans tous les cas, la rupture du lien: il défend à la femme séparée, de contracter un nouveau mariage: il ne veut pas que l'homme une fois marié, cherche à rompre ses liens: il dit que la femme mariée ne peut rompre ses liens que par la mort de son mari; & il déclare qu'elle est coupable d'adultere, si de son vivant elle en épouse un autre. Quand il répond au cas particulier où l'un des conjoints est fidele, & l'autre infidele, il ne parle que de la séparation d'habitation avec elle: *S'il consent de demeurer avec elle, si elle consent de demeurer avec lui, s'il se sépare, s'il veut demeurer en particulier*, &, pour ainsi dire, faire bande à part: la partie fidelle n'est pas alors obligée de suivre la partie infidelle; elle n'est pas une esclave forcée à tout moment de supporter les caprices & les volontés bisarres de son maître: en un mot, elle peut le laisser aller, sans courir après lui; car le verset 15 ne dit pas autre chose. Et cependant, de cette simple séparation de corps, autorisée par S. Paul à l'extrémité, & quand toutes les ressources pour la cohabitation permanente sont
épuisées,

V. 11;

V. 11.

V. 27.

Rom. 7. v. 3.
Corinth. 7. v.
9.

épuifées ; on voudra conclure ; d'après l'Apôtre
même, qu'il donne au conjoint la liberté de rompre
le lien du mariage, pendant que S. Paul le défend
expreffément dans le même Chapitre, verfets 11,
27, 39 ; & dans fon Epître aux Romains Chap. 7,
v. 2 & 3. S. Marc & S. Luc difent que tout homme,
fans exception, qui renvoye fa femme pour en
époufer une autre, eft coupable d'adultere : ils difent pareillement que toute femme, fans exception, qui quitte fon mari pour en époufer un autre,
commet un adultere. S. Matthieu dit la même chofe,
en ajoutant que l'adultere eft une caufe légitime de
féparation de corps feulement. S. Paul défend en
quatre endroits, la rupture du lien dans quelque
cas que ce puiffe être : il dit que cette rupture eft
condamnée dans l'Evangile ; qu'elle eft contraire
au précepte du Seigneur. Il permet feulement la féparation d'habitation, dans le cas de diverfité de
Religion ; & on nous dira que l'Apôtre permet en
ce dernier cas, la rupture du lien, & qu'il donne
au Néophite baptifé, le droit ou le privilege d'abandonner fa femme pour en époufer une autre ! En
vérité, la plume tombe ici des mains ; on ne peut
revenir de la furprife que caufe un pareil aveuglement ; & plus on y penfe, plus il paroît inconce-
vable.

La loi du mariage, *dit S. Paul*, lie une femme
» à fon mari, tant que le mari eft vivant ; mais lorf-
» qu'il eft mort, elle eft dégagée de la loi qui la
» lioit à fon mari. Si donc elle a commerce avec un
» autre homme, pendant la vie de fon mari, elle
» fera tenue pour adultere : mais fi fon mari vient à
» mourir, elle eft affranchie de la loi du mariage,

Rom. 7. v.
3.

» & elle peut, sans adultere, en épouser un autre ».

Ces paroles de l'Apôtre, si souvent répetées, & rappellées en tant de manieres différentes dans ses Epîtres, sont vraies, dit S. Augustin ; elles sont énergiques ; elles sont claires, & renferment la véritable Doctrine Evangélique. Une femme ne peut appartenir légitimement à un second mari, qu'elle n'ait cessé d'être liée au premier ; & elle ne sera dégagée des liens qu'elle a contractés avec son premier mari, que par la mort de ce premier mari : *Hæc Apostoli verba, totiens repetita, totiens inculcata, vera sunt, viva sunt, sana sunt, plana sunt. Nullius viri posterioris mulier uxor esse incipit, nisi prioris esse desierit : esse autem desinet uxor prioris, si moriatur vir ejus ; non si fornicetur.*

Pollentius proposa à S. Augustin quelques questions sur le mariage, comme les Corinthiens en avoient proposées à S. Paul. Le saint Docteur, pour répondre à Pollentius qu'il appelle *Frater dilectissime Pollenti, Frater religiose Pollenti,* composa ses deux Livres intitulés, *des mariages adulterins.* S. Augustin, depuis le commencement jusqu'à la fin de ces deux Livres, n'établit proprement que cette seule proposition : *L'adultere & la diversité de Religion ne rompent pas le lien du mariage ; mais ils sont l'un & l'autre une cause légitime de séparation de corps & d'habitation.* Le saint Docteur distingue deux sortes de fornication ; la fornication charnelle, autrement appellée l'*adultere,* & la fornication spirituelle, c'est-à-dire l'infidélité ou la diversité de Religion. L'adultere, dit S. Augustin, est, selon S. Matthieu, une cause légitime de séparation de corps. La diversité de Religion ou l'infidélité, est felon S. Paul dans le feptiéme Chapitre de fa premiere Epître aux Corinthiens, une autre caufe légitime de féparation d'habitation, quand la partie infidelle refufe de demeurer avec la partie fidelle ou chrétienne ; ce qui n'exclut pas, pour le dire en paffant, les autres caufes de féparation de corps & d'habitation que peuvent autorifer les Puiffances auxquelles le droit en appartient. Mais, dit S. Auguftin, l'adultere & l'infidélité, ou la diverfité de Religion, ne peuvent jamais rompre le lien du mariage : ainfi, continue-t-il, *foit dans le cas de la fornication charnelle, foit dans le cas de la fornication fpirituelle, autrement appellée l'infidélité, il n'eft pas permis à la femme de quitter fon mari pour en époufer un autre, ni au mari de renvoyer fa femme pour en prendre une autre ; parce que le Seigneur dit, fans aucune exception quelconque,* » Si la » femme quitte fon mari, & en époufe un autre, » elle commet un adultere : & tout homme qui ren- » voye fa femme, & en époufe une autre, commet un adultere (a).

Rien n'eft plus précis ni plus clair que ce texte de S. Auguftin ; c'eft l'efpece même de Lévi qui y eft décidée. Il demande que la Cour l'autorife à répudier Mandel-Cerf, qui eft dans le cas de la fornication fpirituelle, c'eft-à-dire dans le cas de l'infidélité, d'une Religion en un mot différente de la

Marc. 10. 12.

Luc. 16. 18.

___

(a) Propter quodlibet tamen fornicationis genus, five carnis, five fpiritûs, ubi & infidelitas intelligitur : & dimiffo viro, non licet alteri nubere, & dimifsâ uxore, non licet alteram ducere ; quoniam Dominus, NULLA EXCEPTIONE FACTA, dicit : *Si uxor dimiferit virum fuum, & alii nupferit, mœchatur : &, omnis qui dimittit uxorem fuam, & ducit alteram, mœchatur.* S. Aug. L. 1. de conjug. adult. n. 31. tout à la fin.

G ij

Religion Catholique. Il veut répudier cette femme légitime, pour épouser Anne Thévart : il s'appuie sur la discipline actuelle de l'Eglise, sur une foule de Théologiens & de Canonistes modernes qui le lui permettent, parce qu'ils ont mal entendu S. Paul & l'Evangile : il présente encore des Rituels, celui même de Soissons, & quelques Catéchismes. S. Augustin, qui entend mieux S. Paul & l'Evangile, que ne les entendent tous ces Théologiens, Canonistes, & Rédacteurs de Catéchismes nous dit : d'après S. Paul & l'Evangile, qu'il ne peut épouser Anne Thévart, ou autre, du vivant de Mandel-Cerf, sans se rendre par-là même coupable d'adultere : & la discipline qui paroît aujourd'hui le laver de ce crime réel en lui-même, est une discipline abusive qu'on ne sçauroit trop-tôt réformer. L'exemple de mariages semblables, comme celui d'Albert & autres, que l'Eglise a tolérés dans un temps où la question n'avoit point été discutée, approfondie, examinée & éclaircie, comme elle le deviendra pour l'avenir: ne suffisent pas pour autoriser Lévi à en contracter un pareil ; parce que ce qui n'a été introduit d'abord que par l'erreur, & non par la raison, & qui n'a subsisté ensuite que par la coutume, dit le Droit Civil, ne doit point être tiré à conséquence pour l'avenir, même dans des cas semblables. Et en effet, *quoiqu'il soit juste d'avoir en général, des égards pour une coutume fortifiée par un long usage, il n'est cependant pas permis d'en être esclave au point de la faire triompher de la raison ou de la Loi* (a). Le Droit

____

(u) Quod non ratione introductum, sed errore primùm, deindè

Canonique nous apprend lui-même, qu'un pareil usage ne doit point être appellé *une coutume*, mais *un abus*, *une corruption*, *une dépravation* (a). Cette discipline étoit inconnue dans toute l'Eglise, au temps où S. Augustin écrivoit ses deux Livres *des mariages adultérins*, c'est-à-dire vers l'an 419; & on ne cite aucun exemple de pareils mariages avant Gratien, c'est-à-dire avant le onziéme siécle. Les premiers Chrétiens, qui entendoient si bien la Doctrine de l'Evangile, & celle de S. Paul sur cette matiere, n'en ont jamais conclu dans la pratique, qu'ils eussent droit d'abandonner la partie infidele, pour contracter un autre mariage. Si le systême de Lévi étoit vrai, les fastes de l'Antiquité Ecclésiasti-que nous présenteroient à chaque page des exemples de pareils mariages: cependant on est dans l'impos-sibilité d'en produire un seul. Il est vrai qu'on peut citer plusieurs exemples de divorce, parce que le divorce a été long-temps autorisé, même par les Princes Chrétiens, comme le remarque l'Auteur des Conférences de Paris sur le mariage. Ces di- T. 1. p. 407.
vorces étoient fondés sur les Loix Romaines, les-quelles, suivant la remarque de S. Augustin, les per- L. 1. de nuptii,
mettoient, contre le texte formel de l'Evangile & concup. c. 10.
qui les condamne comme des adulteres. Mais ja-mais les Chrétiens des premiers siécles de l'Eglise

---

consuetudine obtentum est, in aliis similibus non obtinet. *L. 39. Cod. de Legibus.*

Consuetudinis usûsque longævi non vilis auctoritas; verùm non us-que adeò suî valitura momento, ut aut rationem vincat aut legem. *Ibid. L. 2. Quæ sit longa consuet.*

(a) Non tam consuetudo, quàm corruptela. *Cap. Cùm venerabilis. extra, de consuetudine.*

n'ont fondé aucun divorce sur le septiéme Chapitre de la premiere Epître de S. Paul aux Corinthiens. S. Jerôme dit au contraire, que S. Paul les con‑ damne, pendant que Papinien les approuve : *Aliæ Leges Cæsarum, aliæ Christi ; aliud Papinianus, aliud Paulus noster* ; c'est‑à‑dire : *Les Loix des Em‑ pereurs sont différentes de celles de Jesus‑Christ sur le divorce ; Papinien décide d'une façon, & S. Paul de l'autre.*

Ep. ad Ocean.

Tertullien, Saint Jerome, Saint Augustin, Theo‑ philacte ; le Cardinal Cajetan, & bien d'autres qu'on trouveroit sans doute, si on parcouroit exac‑ tement la tradition, se réunissent avec les Peres Grecs des premiers siecles de l'Eglise, pour en‑ tendre la séparation autorisée par Saint Paul dans sa premiere Epître aux Corinthiens, d'une simple séparation de corps & d'habitation, & toutes les lumieres qu'on peut trouver sur ce point dans l'an‑ tiquité ecclésiastique, ne tendent qu'à proscrire la prétention de Lévi. Gratien est le premier qui ait frayé une nouvelle route au milieu du onziéme sie‑ cle. Il a été suivi par Innocent III. & par une foule d'autres, qui ayant perdu l'usage de chercher la véritable doctrine dans les sources inalterables de l'Ecriture & de la tradition, se sont copiés les uns les autres sans examen & sans discernement. La foule des Theologiens suivis par les Canonistes, a accredité l'erreur sur cette matiere comme sur plusieurs autres. A force de dire comme les autres, on a cru qu'on disoit vrai, pendant qu'on s'égaroit avec la foule. C'est, comme le remarque Seneque, le défaut des hommes. Ils se suivent comme des troupeaux ; ils marchent avec confiance dans le chemin qui eſt battu, ſans penſer même à demander ſi c'eſt celui qui conduit au but où ils veulent arriver. (a)

L'erreur de Gratien, quelqu'accréditée qu'elle fût lors de la tenue du Concile de Trente, y fut néanmoins combattue par le pieux & ſçavant Pierre Soto. L'auteur des *Notes ſur le Concile de Trente* nous apprend d'après Fra-Paolo Hiſtorien de ce Concile, * que cet illuſtre Theologien *ſoutînt que les Prelats eccléſiaſtiques pouvoient ſeparer les mariés, ou leur permettre le divorce à l'égard de la cohabitation & de la copule, pour les cauſes qu'ils jugeroient raiſonnables ; mais qu'ils ne pouvoient donner atteinte au lien ; en ſorte que ni l'une ni l'autre des Parties n'a permiſſion de convoler à un autre mariage ; & que la ſeparation du fidele d'avec l'infidele, dont il eſt parlé dans Saint Paul, ne ſe doit même point entendre à l'égard du lien, lequel eſt indiſſoluble, contre l'opinion communément reçue.*

* L. 7. pag. 647. Edition de 1683.

P. 358. & 359.

VI. Si nous examinons à préſent les principes du ſyſtême d'innovation que Gratien a inventé, & qui a été copié par Innocent III : nous trouverons que les principes ſont eux-mêmes des erreurs également condamnées par la Religion & par les maximes invariables de l'ordre public, de la ſocieté & du droit des gens.

On a dejà remarqué que le ſyſtême de Gratien eſt établi dans la ſeconde partie de ſon Decret,

---

(a) Nihil magis penſandum quam ne pecorum ritu ſequamur antecedentem gregem , pergentes non quà eundum eſt , ſed quà itur. Nulla res nos majoribus malis implicat , quam quod ad rumorem componimur , optima ratiea quæ magno aſſenſu recepta ſunt. *Seneca L. de vitâ beatâ. c. 2.*

cauf. 28 queft. 1. depuis le canon 3. jufqu'au canon 10 inclufivement, & queftion 2, canon 2. Mais il faut d'abord écarter le canon 3 de la première queftion, qui ne prouve rien. Il faut écarter de même les canons 4. 5. 6. 8. 9. qui font tirés de Saint Auguftin, & qui ne prouvent rien dans l'efpece préfente, ou qui font directement contraires à Gratien. Il faut pareillement écarter le canon 10 tiré d'un Concile de Tolede, qui défend aux femmes chretiennes de fe marier avec les Juifs, & d'habiter avec eux. Ce canon, comme on voit, ne prouve encore rien. Il faut enfin écarter le canon 7, qui étant pris à la rigueur, n'annonce pas une rupture du lien, mais une fimple féparation de corps & d'habitation. Refte donc le feul canon 2. de la feconde queftion, où le fyftême eft nettement préfenté. *Si l'infidele fe retire en haine de la foi chretienne*, dit Gratien, *qu'il fe retire : car notre frere ou notre fœur n'eft pas en pareils cas affujeti à la fervitude, & il ne peche pas aux yeux de Dieu, en contractant un autre mariage.*

L'injure faite au Createur rompt alors le lien du mariage du côté de celui qui eft abandonné : mais l'infidele qui fe retire, peche contre Dieu & contre le mariage ; & on n'eft point obligé de lui garder la foi conjugale, parce qu'il fe retire pour ne point entendre que Jefus - Chrift eft le Dieu des mariages Chretiens (a)

(a) Si infidelis difcedit odio chriftianæ fidei, difcedat ; non eft enim frater aut foror fubjectus fervitui in hujufmodi ; non eft enim dimiffo peccatum propter Deum, fi alii fe copulaverit. Contumelia quippe Creatoris folvit jus matrimonii circa eum qui relinquitur. Infidelis autem difcedens, & in Deum peccat & in matrimonium ; nec eft ei fides fervanda conjugii, quia propterea difcedit ne audiret Chriftum Deum effe Chriftianorum conjugiorum. **Gratien**

Gratien attribue fauſſement ce canon à Saint Gregoire. Il eſt tiré d'un Commentaire ſur les Epîtres de Saint Paul, fait par un Diacre nommé Hilaire, de la ſecte des Luciferiens, qui a eu des ſentimens Heterodoxes ſur differens points de Theologie, & qui eſt fort ſuſpect en particulier ſur la matiere du mariage, puiſqu'il permet au mari qui a ſurpris ſa femme en adultere, d'en épouſer une autre, ſans accorder la même liberté à la femme, quand elle a à ſon tour convaincu ſon mari d'adultere. C'eſt dans une pareille ſource que Gratien a puiſé ſon fameux canon, par lequel il dit que la partie fidele ne peche pas aux yeux de Dieu, en contractant un nouveau mariage, pendant que Saint Marc, Saint Luc, & Saint Paul lui-même, diſent expreſſement qu'il commet alors un adultere. Il ajoute que la partie fidele n'eſt pas obligée de garder la foi conjugale à la partie infidele, pendant que Saint Paul défend à la partie fidele de tranſporter cette foi conjugale à un autre mari, pendant la vie du premier : *ſi diſceſſerit manere innuptam.* Il dit enfin que le lien du mariage eſt rompu en ce cas ; & Saint Paul nous enſeigne comme une vérité révélée, qu'il ne peut ſe rompre que par la mort de l'un des conjoints.

Innocent III. dans le 4ᵉ Livre des Decretales, titre 19. adopte le Canon de Gratien, dont on vient de parler ; il approuve les raiſons de la déciſion de ce Canon, & il ajoute pour le fortifier, que le mariage des Infideles n'eſt pas indiſſoluble (*a*).

Cap. *Gaudemus*

Cap *Quantò*

(*a*) Si matrimonium verum inter infideles exiſtat, non tamen eſt ratum ; inter fideles autem verum & ratum exiſtit.

Cette derniere raison qu'Innocent III. a encore tirée de Gratien, cauf. 28. q. 1. au commencement, eſt une véritable erreur univerſellement abandonnée aujourd'hui. Auſſi le mariage eſt-il indiſſoluble par l'inſtitution du Créateur, & avant la grace du Sacrement que Jeſus-Chriſt a inſtitué dans ſon Egliſe pour le ſanctifier. *Le lien qui unit enſemble le mari & la femme, eſt de ſa nature indiſſoluble*, dit l'Auteur des Conferences de Paris. Il ajoute dans un autre endroit, que *les Gentils & les Infideles ont connu par les ſeules lumieres de la raiſon, que le mariage étoit de ſa nature indiſſoluble* ; & ce qui eſt fort remarquable, c'eſt qu'il appuye cette déciſion ſur Innocent III. lui-même au chapitre *Gaudemus de Divortiis.* C'eſt d'après ce principe de l'indiſſolubilité du mariage, que S. Auguſtin enſeigne, que quand deux Infideles ſont mariés dans l'infidelité, on ne diſſout pas leur mariage, après que l'un des deux s'eſt converti. (a) Il va même juſqu'à dire qu'il ne connoît aucune Loi claire, ſoit dans le Nouveau Teſtament, ſoit dans les Ecrits des Apôtres, qui défende le mariage des Chrétiens avec les Infideles, quoique S. Cyprien le blâme hautement comme une proſtitution des membres de Jeſus-Chriſt livrés aux Payens (b).

Tome 1. p. 4.

Ibid. p. 391.

(a) Ideo nec juberi debuerunt fideles ab infidelibus ſeparari, quia non contra juſſionem Domini gentes fuerant ambo conjuncti. *L. 1. de conjug. adult. n. 20.*

(b) Non enim tempore revelati Teſtamenti novi, in Evangelio vel ullis apoſtolicis litteris ſine ambiguitate declaratum eſſe recolo, utrùm Dominus prohibuerit fideles infidelibus jungi. Quamvis beatiſſimus Cyprianus non dubitet, nec in levibus peccatis conſtituat jungere cum infidelibus vinculum matrimonii, atque id eſſe dicat proſtituere gentilibus membra Chriſti. *Ibid. n. 31.*

Innocent III. n'a donc ajouté qu'une erreur de plus au Canon de Gratien, qu'il a adopté. Mais il est encore aifé de renverfer le fyftême de Gratien & d'Innocent III. par Gratien & par Innocent III. eux-mêmes. Il n'y a pour cela, qu'à leur oppofer une maxime du Droit Canonique qu'ils rapportent l'un & l'autre, & qu'ils paroiffent refpecter.

Si quelqu'un, dit Gratien, *a eu avant fon Baptême une perfonne libre de tout engagement, il ne pourra depuis fon Baptême, en époufer une autre, du vivant de cette premiere femme ; parce que le Baptême efface les péchés, mais ne diffout par les mariages* (a). Ce Canon eft tiré du Concile de Meaux en 845. Innocent III. adopte le même principe, au chapitre *Gaudemus. Le Baptême*, dit-il, *purifie & remet les péchés ; mais il ne rompt pas les mariages* (b). D'après ce principe, le Baptême de Lévi n'a pas rompu fon mariage avec Mandel Cerf. Il eft donc non-recevable à demander à en époufer une autre *de fon vivant.*

Dira-t'on pour étayer la demande de Lévi, que le mariage non confommé peut fe diffoudre par l'entrée d'un des deux conjoints en Religion, & que le Concile de Trente l'a décidé, Seff. 24. Can. 6 ? Mais outre que Lévi n'eft pas dans l'efpece de ce Canon, il fuffit de lire ce qu'en a dit l'Auteur du nouveau Traité fur le Mariage, donné au Public en

____

(a) Si quis habuerit uxorem virginem (*id eft liberam à vinculo matrimonii*) ante baptifmum, vivente illâ poft baptifmum alteram habere non poteft ; crimina enim in baptifmo folvuntur, non conjugia. *Cauf.* 28. q. 2. *can.* 1.

(b) Cum per Sacramentum baptifmi non folvantur conjugia, fed crimina dimittantur. *cap.* gaudemus, *extrà de divort.*

1753. pour se convaincre que Levi n'en peut tirer aucun avantage. On renvoye donc à cet Ouvrage, *page 457. & suivantes*; on se contentera d'observer ici, que ce Canon paroît renfermer une contradiction manifeste dans les termes. Le mariage qu'il dissout, est *ratum*, c'est-à-dire, indissoluble. Comment donc est-il possible de le dissoudre? Il n'est pas à la verité consommé. Mais il est de principe indubitable, que l'indissolubilité du mariage ne dépend pas de sa consommation : *Matrimonium non concubitus, sed consensus facit* : c'est le consentement des Parties qui fait le mariage, & non leur union charnelle & corporelle.

VII. Quelque ruineux que soient les fondemens du système de Gratien & d'Innocent III ; leur nom l'a mis en faveur, & les Theologiens ayant à leur suite les Canonistes, l'ont embrassé par ignorance & par prévention. Estius est celui des nouveaux Theologiens, qui le défend avec le plus d'art ; mais ses raisons sont si foibles, qu'elles ne meritent pas de réponse. Il convient que S. Augustin est d'un sentiment contraire ; mais il prétend écarter son autorité, parce que ce Pere a déclaré que la question est très-difficile & très-obscure. Illusion ! S. Augustin n'a jamais trouvé de difficulté que dans la maniere d'expliquer le texte de S. Matthieu d'une maniere conforme à ceux de S. Marc & de S. Luc sur l'adultere. Mais il n'a jamais hesité pour prononcer que l'infidelité d'un des conjoints ne sçauroit dissoudre un mariage légitimement contracté dans l'infidelité par l'un & l'autre conjoint. Cette derniere espece est celle de Lévi, & S. Augustin ne l'a jamais trouvée obscure.

Estius convient encore que le mariage est de sa

nature indiſſoluble : *Matrimonium eſſe ſuaptè na-
turâ indiſſolubile.* Mais il ſoutient malgré cet aveu,
que l'infidelité peut rompre le mariage : & il tâche
de le prouver par le raiſonnement qui ſuit : La Loi
poſitive, dit-il, ajoute toujours quelque choſe à la
Loi naturelle, parce qu'elle ordonne ou défend d'une
maniere plus nette & plus énergique. Cette Loi
poſitive n'eſt pas connue des Infideles, parce qu'elle
ne leur a jamais été annoncée. Par conſéquent le mariage des Chretiens qui connoiſſent cette Loi poſitive, peut avoir plus de ſtabilité que celui des Infideles qui ne la connoiſſent pas. D'où il faut conclure
que le mariage pourroit être indiſſoluble dans le
Chriſtianiſme, ſans qu'ille fût, au moins également,
dans l'infidelité.

In 4. diſt. 33.
S. 7, 8, 9.

Mais on concluera à ſon tour de ce raiſonnement,
que le mariage de Lévi eſt indiſſoluble par une
double Loi ; par la Loi naturelle & par la Loi poſitive du Chriſtianiſme qu'il connoît, puiſqu'il eſt
Chrétien. Ainſi par le principe même d'Eſtius, Lévi
eſt doublement non-recevable à demander aujour-
d'hui la diſſolution de ſon mariage avec Mandel-
Cerf.

Ibid. diſt. 39.
S. 7.

Il faut que l'innovation faite par Gratien & par
Innocent III. ſoit bien inſoutenable, puiſqu'Eſtius
la défend ſi mal, malgré la force de ſon génie,
l'étendue de ſon érudition, & la profondeur de ſes
connoiſſances théologiques. Bien plus, les Théologiens & les Canoniſtes qui l'ont embraſſé en foule,
ſemblent avoir affecté de le détruire abſolument, en
le pouſſant beaucoup plus loin que ne l'ont fait ceux
qui l'ont inventé, & en y ajoutant des aſſertions
formellement condamnées par Gratien même & par
Innocent III.

Gratien nous dit dans l'explication qu'il donne au Canon *ſi infidelis*, qu'on peut bien renvoyer la Partie infidele, dans le cas même où elle conſentiroit à demeurer avec ſon mari chrétien ; mais que celui-ci ne peut alors ſe remarier pendant la vie de la Partie infidele (*a*). Il va même juſqu'à dire que ſi en ce cas il contracte un nouveau mariage, il ſe rend coupable d'adultere (*b*). Innocent III établit la même doctrine au chap. *gaudemus*. Il dit encore au même endroit, c'eſt-à-dire, à la fin du même chapitre *gaudemus*, que ſi la femme qui a quitté ſon mari, parce qu'il s'eſt fait chrétien, embraſſe à ſon tour la Religion Catholique avant qu'il ſe ſoit remarié à une autre, il ſera obligé de la reprendre (*c*).

Diſſert. 10. q.
ch. 2. art. 1.

Nos Théologiens & nos Canoniſtes rejettent ces differentes reſtrictions ; les uns, comme Juenin dans ſon Traité du mariage, décident que la Partie fidele peut validement contracter un ſecond mariage, quand même la Partie infidele conſentiroit à demeurer avec celle qui eſt chrétienne. Déciſion fauſſe & ſcandaleuſe, formellement contredite par St. Paul, dans le ſeptiéme chapitre de ſa premiere Epitre aux Corinthiens.

De matrimonio
d. 14.

Les autres, comme Florent de Cocq, Theologien de Louvain, dit que la Partie fidele peut quitter la Partie infidele, quoique celle-ci conſente à la co-habitation, quand on ſera moralement ſûr que

___

(*a*) Volentem cohabitare licet quidem dimittere, ſed non eâ vivente aliam ſuperducere. *In canonem* ſi infidelis.

(*b*) Si volentes cohabitare dimittitis, & aliis vos copulaveritis, adulteri eritis. *Cauſa 28. initio quæſtionis.* 2.

(*c*) Si converſum ad fidem, & illa converſa ſequatur antequam legitimam ille ducat uxorem, eam recipere compelletur. *In fine capitis* gaudemus.

l'infidele ne voudra pas se convertir ; autre décision également contraire à S. Paul qui ne parle pas de conversion, mais seulement de cohabitation. *Si consentit habitare cum illo, non dimittat eam.*

St. Thomas, le Cardinal de la Palus, Durand, Estius, & autres soutiennent que le mariage contracté dans l'infidélité, subsiste pendant tout le tems que le Néophite ne s'est pas engagé par d'autres liens ; ce qui paroît manifestement absurde, car pour pouvoir validement former un nouvel engagement, il faut préalablement être libre du premier.

Quelques Canonistes cités par Estius, pensent que le mariage contracté dans l'infidélité, est rompu de plein droit, dès que la Partie infidele a refusé de suivre celle qui est devenue chrétienne.

Enfin Gibert dit dans le second Tome de ses Consutations canoniques sur le mariage (consult. 57) que si la Partie infidele ne veut pas se convertir, consentiroit-elle d'ailleurs de co-habiter, le Néophite peut sans aucun scrupule, contracter un autre mariage. Cette décision, quoique condamnée par Gratien, par Innocent III, & par St. Paul lui même, est néanmoins suivie dans la Pratique à Rome, & dans plusieurs Diocèses d'Allemagne.

Voilà le fort des sistêmes qui font le fruit de l'opinion & du caprice. Il suffit ordinairement de les opposer les uns aux autres, pour les renverser successivement l'un par l'autre.

L'opinion de Gratien, quelque peu fondée qu'elle soit, s'est répandue avec rapidité, par l'habitude qu'ont les Théologiens & les Canonistes de se copier aveuglément les uns les autres. C'est un reproche qu'on leur a fait souvent, & M. Gerbais Docteur de Sorbonne, le fait en particulier, dans son

Traité du pouvoir de l'Eglife & des Princes fur les empêchemens dirimans le mariage. Galefius Evêque d'Italie, a foutenu que le pouvoir d'appofer des empêchemens dirimans au mariage, appartient exclufivement à l'Eglife. M. Gerbais nous apprend que ce *fentiment, tout extrême qu'il eft, a beaucoup de partifans parmi les Canoniftes & les Théologiens modernes, qui femblent fe copier à l'envi dans cette efpéce, comme ils font dans beaucoup d'autres.* Ils l'ont tous fait dans l'efpéce qui concerne Lévi. Le Pape qui gouverne aujourd'hui l'Eglife, diftrait fur la vafte étendue de fes propres lumieres, a fuivi la multitude lorfqu'il écrivoit comme Docteur particulier avant fon Pontificat. L'erreur s'eft gliffée dans le Rituel de Soiffons. M. l'Evêque de Soiffons, l'ornement & la gloire des Evêques de France, l'a reconnue depuis, & il veut aujourd'hui qu'on la regarde comme non écrite dans fon Rituel qui n'a point été enregiftré en la Cour, qui par confequent n'y a acquis aucune autorité, & dont au furplus le Miniftere public peut, en tant que de befoin, fe rendre appellant comme d'abus, quant à ce qui regarde le mariage des Néophites qui font dans le cas de Lévi.

Si on veut fe convaincre par fes yeux, que les Théologiens & les Canoniftes fe font copiés aveuglément dans l'efpéce préfente, on n'a qu'à fe donner la peine de lire tous ceux qui ont écrit depuis Gratien & Innocent III, & on verra comme d'autres qui en ont fait l'épreuve, l'ont dejà vû : que tous, fans en excepter un feul, fe fondent fur l'autorité de Gratien & d'Innocent III. C'eft en particulier ce qu'on verra dans l'Auteur des Conferen-

ces

cès de Paris, fur le mariage, dans d'Hericourt, Rouſſeau de Lacombe, & dans Van-Eſpen. Il eſt vrai que quelques uns ont eſſayé de s'appuyer en outre ſur quelques textes de Peres de l'Egliſe. Van-Eſpen dit par exemple, dans ſon Analyſe du Décret de Gratien, que la diſcipline actuelle de l'Egliſe, ſur le mariage des Néophites, eſt fondée ſur des *textes clairs* de St. Auguſtin dans ſes deux Livres *de adulterinis conjugiis*, pendant que St. Auguſtin prouve *ex profeſſo* dans ces deux Livres, que ces ſortes de mariages ſont de veritables adulteres condamnés dans l'Evangile, & par S. Paul lui-même. Dans une Theſe ſoutenue en Sorbonne, le lundi 19 de ce mois, & dont la poſition fut lue le lendemain à l'Audience par un des Défenſeurs de Lévi, on appuye la Diſcipline préſente ſur l'autorité de S. Chriſoſtome, de S. Jerôme & de S. Auguſtin; mais S. Jerôme & S. Auguſtin y ſont formellement oppoſés, & S. Chriſoſtome ne prouve rien en faveur de Levi, non plus que S. Ambroiſe dans ſon Commentaire ſur S. Luc, qui décide une eſpéce toute differente. Il en eſt de même de toutes les autorités qu'entaſſent les Défenſeurs de Lévi, pour faire illuſion; ils citent un Concile du Mexique qui n'a jamais été reçu en France, qu'on ne peut citer par conſéquent que comme on citeroit des Théologiens particuliers, & qui au fond s'eſt décidé par l'uſage, & non par un mûr examen qu'il ait fait de la matiere.

Ainſi toute cette multitude de Théologiens & de Canoniſtes, dont on ne manquera pas de remplir un grand Mémoire, ſe réduit en derniere analyſe à l'autorité d'Innocent III; celle d'Innocent III ſe réduit elle-même à celle de Gratien qu'il a copié. Tout le monde fçait que Gratien n'a aucune autorité par lui-même : tout fe reduit donc au merite du Canon *fi infidelis*, rapporté par Gratien, & qui renferme trois hérefies condamnées par St. Mathieu, par S. Marc, S. Luc, S. Paul lui-même, & par S. Auguftin dans fes Livres *de conjugiis adulterinis*, dans lefquels il donne à S. Paul un fens different de celui que lui donne Gratien.

Si quelqu'un regardoit comme impoffible que tant de perfonnes fe fuffent trompées dans l'interprétation d'un paffage de St. Paul, il feroit aifé de leur préfenter un autre texte du même Apôtre, fur la matiere du mariage, qu'ils ont certainement pris dans un fens contraire à la penfée de l'Apôtre, & à la liaifon des fes raifonnemens : c'eft le verfet 32 du 5.e Chapitre de l'Epitre aux Ephefiens, où St. Paul dit, *ce Sacrement eft grand, je dis en Jefus-Chrift & en l'Eglife*, *SACRAMENTUM hoc magnum eft, ego autem dico, in Chrifto & in Ecclefiâ*. Le texte Grec porte, *Myfterium hoc magnum eft*, c'eft-à-dire, *ce Myftere eft grand*; mais on a lu dans la Vulgate, *Sacramentum*. Il n'en a pas fallu davantage aux Théologiens & aux Canoniftes, pour dire que felon S. Paul, le mariage eft un Sacrement de la Loi nouvelle, inftitué par Jefus-Chrift. Cette fauffe interprétation du paffage de S. Paul, a été inferée dans prefque tous les Rituels de l'Eglife Latine, & dans un grand nombre de Cathéchifmes, comme on y a mis la fauffe interpretation du paffage *fi difcedit, difcedat*, « s'il fe fépare, qu'il fe » fépare »; mais Eftius a prouvé par une tradition des dix premiers fiécles de l'Eglife, que le texte, ce

In 4. dift. 26.
s. 5. & in Paulum.

Sacrement est grand, ne prouve pas que le mariage soit un Sacrement de la Loi nouvelle, institué par Jesus-Christ. L'Auteur du Traité sur le mariage l'a fait après lui; & la fausse interpretation du texte de St. Paul, *Sacramentum hoc magnum est*, est généralement abandonnée aujourd'hui. Il en sera bientôt de même de celle qu'on a donnée au 15ᵉ Verset du Chapitre 7 de la premiere Epitre du même Apôtre aux Fideles de Corinthe. Dès aujourd'hui les plus célébres Théologiens de Paris sont décidés contre Lévi : on sçait même qu'il a été consulter l'un d'entr'eux, qui lui a dit qu'il devoit perdre sa cause au Parlement; parce qu'il ne pouvoit rien produire de solide, qui fût capable de l'appuyer. On sçait encore qu'il y a des Evêques en France, qui sont entierement décidés pour la Sentence de l'Official de Soissons.

P. 471. & suiv.

On abandonne donc déjà le préjugé dominant, comme on en a abandonné bien d'autres que nous rougirions de défendre aujourd'hui. Le divorce a été autorisé sous la premiere & la seconde race de nos Rois, comme le remarque l'Auteur des Conferences de Paris sur le mariage. Oseroit-on le soutenir aujourd'hui? Alexandre III. nous apprend que c'étoit autrefois l'usage universel de l'Eglise Gallicane, de rompre les mariages pour cause de maléfice : *propter maleficia legitimè conjunctos dividere.* Quand un mari étoit long-tems absent, ou en captivité, on permettoit à sa femme d'en épouser un autre. Quand une fille fiancée à quelqu'un, en étoit connue charnellement avant son mariage, ce crime formoit un mariage présumé qui prévaloit à celui que le

Tom. 1. p. 407.

Traité sur le mariage, p. 378.

fiancé contractoit ensuite avec une autre. Le premier subsistoit, & l'autre étoit annullé.

Verbo *mariage.*

« C'étoit encore un mariage présumé, *dit Brodeau
» sur Louet*, quand un homme avoit pris une fille
» pour sa femme, & la tenoit comme telle, & qu'en-
» suite il avoit sa connoissance charnelle, encore
» qu'au commencement la fille n'y eût pas consenti ;
» parce que par la cohabitation on présumoit le
» consentement tacite au mariage. C'est la décision
» du Chap. 21. *extrà de sponsalibus* . . . . . & ces
» mariages étoient si bien présumés en Droit Canon,
» qu'on n'admettoit point de preuve au contraire.
» *Chap. 21 de sponsal. & aliis.* »

Nous rougissons aujourd'hui de ces erreurs de
nos Peres ; nous rougirons aussi dans peu d'avoir
cru voir dans S. Paul un prétendu privilége qu'il
combat dans le Chapitre même où on s'imagine
l'appercevoir ; & que S. Augustin, le Maître de
tous les Docteurs qui l'ont suivi, n'y a jamais vu,
quoiqu'il examine *ex professo* l'espece dans laquelle
se trouve Lévi. Les Theologiens Scholastiques,
quelque grand que soit leur nombre, n'ont pas
d'autorité par eux-mêmes ; mais seulement par la
solidité de leurs raisons. C'est une maxime établie
par un des plus celebres d'entr'eux, & qui est,
selon lui, si évidente, qu'elle n'a pas besoin d'être
prouvée ; parce qu'on ne s'amuse pas à prouver l'é-
vidence (a).

(a) Theologorum Scholasticorum etiam multorum testimonium,
si alii contrà pugnant Viri docti, non plus valet ad faciendam fidem,
quam vel ratio ipsorum, vel gravior etiam autoritas comprobat:
Videlicet in scholasticâ disputatione plurium autoritas obruere Theo-
logum non debet ; sed si paucos viros modò graves secum habet,

S. Augustin au contraire, a une si grande autorité dans l'Eglise, qu'on ne peut gueres s'écarter
de sa Doctrine, sans tomber dans l'erreur. « Tous
» les Docteurs qui sont venus après S. Augustin,
» *dit S. Vincent Ferrier*, s'appuient sur sa Doctrine
» qui est sainte, pure, sans tache, comme un or
» éprouvé, sans aucun mêlange d'erreur. Dieu l'a
» placé entre les autres Docteurs, comme un soleil
» entre les étoiles, puisque, comme les étoiles re-
» çoivent du soleil ce qu'elles ont de lumiere ;
» ainsi tous les Docteurs empruntent leur lumiere
» de S. Augustin, en sorte qu'après S. Paul, il n'y
» a aucun des Saints Peres qu'on doive préferer
» pour la Doctrine de la Foi, à S. Augustin qui
» est comme un autre Ange à cet égard, sa Doc-
» trine étant très-conforme à la vérité des Saintes
» Ecritures ; car ce qu'elles ont de secrets & de
» mysteres les plus cachés, nul Docteur ne les a
» ni recherchés avec plus de soin, ni examinés
» avec plus de circonspection ; nul n'en a mieux
» découvert la vérité, nul ne les a expliqués
» de meilleure foi, ni demelés avec plus de lu-
» miere, ni conservés avec plus de fidélité, ni de-
» fendus avec plus de force, ni répandus par-tout
» avec plus d'abondance. Plein de l'esprit des Pro-
» phetes & des Apôtres, ce qu'ils ont avancé de
» mysteres les plus obscurs & les plus impenétra-
» bles, il nous en a donné une claire intelligence ;

Saint Rem
d'Auxerre.

Hugues de
Victor.

---

poterit sanè adversùs plurimos stare ; non enim numero hæc judi-
cantur, sed pondere. Hanc verò conclusionem probare argumentis
non debeo ; nam si quid est evidens, de quo inter omnes conveniat,
argumentari non soleo ; perspicuitas enim, ut ait Cicero, argumen-
tatione elevatur. *Melchior Canus*, loc. Theolog. l. 8, cap. 5.

» & après eux, il est comme une lumiere éclatante
» qui tient le premier rang dans la grace de dif-
» penser les tréfors de la Parole de Dieu. Quiconque
» veut s'expliquer avec le goût & l'onction de la
» grace, des verités qui concernent J. C. la Foi,
» la Religion ; c'est de S. Augustin qu'il doit em-
» prunter les paroles, étant difficile de bien entrer
» dans l'intelligence de presque aucune des ve-
» rités de l'Ecriture Sainte, si on ne l'a pour guide,
» *& de les bien expliquer qu'en suivant l'explication*
» *qu'il en a donnée.* On peut même dire en un sens,
» que S. Augustin est le premier qui a commencé
» à bien expliquer & à bien mettre en évidence
» les verités catholiques, à les bien digerer, éclair-
» cir, démêler, & à les mettre dans un ordre mé-
» thodique, en marquant précisément ce qu'on doit
» croire dans chaque mystere de la Foi ; ce qu'on
» doit répondre aux objections qu'on y oppose, com-
» ment on s'y doit prendre pour tirer de l'Ecriture
» de quoi les appuyer. Enfin, si nous avons main-
» tenant l'avantage de nous expliquer clairement &
» nettement sur les verités de la Foi, je ne m'en ca-
» che point, je le dis hardiment, c'est à S. Au-
» gustin que nous en avons l'obligation (*a*). »

S. Augustin est donc après S. Paul, le plus grand
Docteur de l'Eglise universelle ; les Théologiens
Scholastiques & Canonistes ne sont vis-à-vis de
lui, que comme une goutte d'eau comparée à la
vaste étendue de la mer. Son autorité doit effacer

____

(*a*) Cet éloge de S. Augustin, composé des paroles mêmes des
Saints qui sont venus après lui, est tiré d'un ouvrage intitulé *Prieres
& Instructions chrétiennes*, imprimé à Paris chez Josset en 1723. part.
2. p. 120 & 121.

toutes leurs opinions ; & quand, dans une matiere
dogmatique, ils auront prononcé d'une maniere,
& S. Auguftin d'une autre, il faudra regarder la
décifion des Scholaftiques comme une erreur, &
celle de S. Auguftin comme une verité qu'il aura
puifée dans l'Evangile & dans S. Paul, fi dans le
fait il l'appuie fur l'Evangile & fur S. Paul. Or,
dans l'efpece préfente, dans le cas même où fe
trouve Lévi, S. Auguftin qui a traité la queftion
ex profeffo, décide par l'Evangile & par S. Paul,
que Lévi ne peut contracter un nouveau mariage
du vivant de Mandel Cerf, fans fe rendre coupable
d'adultere ; par confequent fon autorité doit effacer
celle de tous nos Théologiens & Canoniftes. Il
nous dit clairement qu'ils font tous dans l'erreur,
& il declare anathême à la Sentence de l'Officialité
de Strafbourg, qui a degagé Lévi de fon mariage
avec Mandel Cerf. Il prononce que le mariage
qu'il veut contracter avec Anne Thévart, n'eft pas
un mariage, mais un adultere : *non conjugia, fed
adulteria.* Il nous annonce que les nouveaux Docteurs fe font égarés dans l'explication du 7ᵉ. chap.
de la 1ʳᵉ. Epitre de S. Paul aux Corinthiens, &
que le Défenfeur de Lévi, qui adopte cette explication dans fon Mémoire, s'égare avec eux. Il
déclare indiffoluble dans tous les cas, le mariage
de Lévi avec Mandel Cerf ; d'où il faut conclure
que S. Auguftin ne fait pas dépendre l'indiffolubilité du mariage, de l'impreffion du Sacrement
que J. C. n'a établi que pour benir & fanctifier
le mariage ; erreur en effet auffi éloignée de la
penfée de S. Auguftin, que le Ciel eft elevé au-
deffus de la Terre. On fait cependant des efforts

dans le Memoire de Lévi, pour attribuer cette opinion à S. Auguſtin, pour répandre des nuages ſur ſa Doctrine, & pour pouvoir dire *dividatur*, c'eſt-à-dire, *qu'il ne ſoit ni à vous ni à moi.* Mais S. Auguſtin eſt trop clair, pour qu'on puiſſe l'obſcurcir : il dit expreſſément que Levi ne peut ſe marier à Anne Thévart, ſans commettre un adultere. Il le dit d'aprés l'Evangile & d'après S. Paul lui-même. Il faut le croire, adopter ſa Doctrine, & proſcrire la diſcipline moderne qui paroit contraire à ſa déciſion.

Qu'oppoſe-t-on en effet à ce que dit cet illuſtre Docteur ? Une multitude de Theologiens, & de Canoniſtes ? Non, mais un ſeul homme. Eſt-ce Innocent III ? Non, c'eſt Gatien, ou plutôt un Canon commençant par ces mots : *Si infidelis.* Mais ce Canon lui-même en eſt-il un ? Non. C'eſt un texte tiré d'un Commentaire fait ſur S. Paul, par un homme obſcur, par un Schiſmatique, un Luciferien, par un homme enfin convaincu de pluſieurs erreurs Theologiques ſur la matiere même du mariage. Oſera-t-on ſoutenir à l'avenir une diſcipline, ou plutôt un abus qui ne s'eſt introduit que ſur un pareil fondement ; & S. Auguſtin ſera-t-il forcé de plier ſous l'autorité du Diacre Hilaire, quoique ce Saint appuie ſa doctrine ſur l'Evangile, & ſur S. Paul lui-même ?

Il eſt raiſonnable de conſerver un uſage indifférent en lui-même, quand il ſe trouve autoriſé par la révolution d'un grand nombre d'années. Mais quand une diſcipline met des exceptions à un dogme révelé, auquel l'Evangile n'en a jamais mis aucune, alors la diſcipline n'eſt point une diſcipline,

pline; mais un abus, qui, suivant une maxime du Droit Canonique, ne peut par quelque laps de tems que ce soit, acquerir la prescription en sa faveur. Le Roi comme Protecteur de la pureté de la discipline, & encore plus des dogmes qui sont crus universellement dans son Royaume, peut s'élever contre. Ses Parlemens qui exercent son autorité, le peuvent & même le doivent faire, l'ont fait dans un grand nombre d'occasions, & & le font encore tous les jours. Ainsi le Minis-tere public a incontestablement le droit d'interjet-ter incidemment appel comme d'abus, de la Sen-tence rendue par l'Official de Strasbourg, en fa-veur de Lévi.

En effet, une discipline est un reglement; une sanction, ou autrement une loi Ecclesiastique. Or de l'aveu de tous les Theologiens & Canonistes, les Loix doivent avoir plusieurs caracteres essen-tiels, dont le premier est d'être *justes & honnêtes*; c'est-à-dire, qu'elles ne doivent rien renfermer de contraire à la loi divine. Or l'Evangile & saint Paul expliqués par saint Augustin dans les deux Livres *de conjugiis adulterinis*, décident qu'un Néophite légitimement marié avant son Baptê-me, ne peut se remarier depuis son Baptême, pen-dant la vie de sa femme quoiqu'infidelle. Par conséquent le reglement inféré dans plusieurs Ri-tuels, par rapport à ces sortes de mariages, est contraire à la Loi divine, & à la pureté des Ca-nons mêmes que Gratien & Innocent III ont adopté par un aveuglement presqu'incompréhen-sible, & qui décident clairement le contraire, sur le fondement inébranlable que le Baptême remet

S. Thomas, 1.
2. Q. 95. Art.
3.

K

bien les pechés, mais ne diffout pas les mariages : *Baptifmo folvuntur peccata, non conjugia.*
Cette difcipline effentiellement abufive, introduit
donc dans la Loi Evangelique, la polygamie qui
n'étoit permife que dans la Loi ancienne; & cette
diverfité d'ufage vient du caractere different de
l'une & l'autre Loi, comme l'a très-bien remarqué S. Auguftin. Car, felon ce Pere, il y avoit
des raifons économiques qui dans l'ancienne Loi
permettoient à un mari d'avoir plufieurs femmes
à la fois. Mais la Loi nouvelle lui défend cette
pluralité par des raifons économiques d'un autre
genre. (*a*)

Envain objecteroit-on qu'il ne s'agit point ici
d'autorifer la polygamie, puifqu'on fuppofe que
le premier mariage contracté dans l'infidélité, eft
rompu. Car S. Auguftin décide d'après l'Evangile, & d'après S. Paul lui-même, qu'il ne l'eft

---

(*a*) Erat tunc quædam propagandi neceffitas, quæ nunc non eft;
quoniam *tempus amplectendi*, ficut fcriptum eft, quod utique tunc
fuit; *& tempus continendi ab amplexu*, quod nunc eft. *S. Aug. L. 2.
de conjug. adult. n.* 12.

Quoniam ex multis animis una civitas futura eft habentium ani-
mam unam & cor unum in Deum; . . . propterea Sacramentum
nuptiarum temporis noftri fic ad unum virum & unam uxorem
redactum eft, ut Ecclefiæ Difpenfatorem non liceat ordinare, nifi
unius uxoris virum.... Ac per hoc ficut plures uxores antiquo-
rum Patrum fignificaverunt futuras noftras ex omnibus gentibus Ec-
clefias uni viro fubditas Chrifto; ita nofter Antiftes unius uxoris vir
fignificat ex omnibus gentibus unitatem uni viro fubditam Chrifto.... Sicut ergo Sacramentum pluralium nuptiarum illius temporis fignificavit futuram multitudinem Deo fubjectam in terrenis
omnibus gentibus; fic Sacramentum nuptiarum fingularum noftr
temporis fignificat unitatem omnium noftrûm fubjectam Deo futuram in unâ cœlefti civitate. *Idem, L. de bono conjug. n.* 21.

pas ; parce que l'Evangile ne condamne pas moins le divorce que la polygamie.

VIII. Levi ne se sentant pas appuyé par la force des raisons, a recours à la commisération de ses Juges, & il tâche de les toucher en leur disant qu'il est trop foible pour garder la continence, & qu'il vaut mieux se marier que de brûler.

Mais S. Augustin lui répond ce qu'il nous apprend dans ses Confessions, avoir été dit à lui-même par la chasteté : Pourquoi ne pourrez-vous pas ce que peuvent tant d'autres d'un sexe plus foible que vous ? *Quare non poteris quod isti & istæ ?* Les femmes Syriennes, par exemple, pour en omettre un grand nombre d'autres, épousent fort jeunes des maris qui les quittent presqu'aussi-tôt, pour aller faire le commerce dans des pays éloignés, dont ils ne reviennent souvent que quand leurs femmes sont parvenues à la vieillesse. Ces femmes gardent pendant tout ce tems la continence, malgré la foiblesse de leur sexe. Comment donc seroit-elle au dessus de la force des hommes, dit S. Augustin (a) ? Les Ministres de l'Eglise, qu'on enleve souvent malgré eux, pour les élever au Sacerdoce, sont obligés de garder la continence toute leur vie, quelque vi-

---

(a) Fervorem juventutis plurimæ pudicissimè transigunt, & maximè Syræ, quarum mariti negotiandi quæstibus occupati, juvenes adolescentulas deserunt, & vix aliquando senes ad aniculas revertuntur... ... Si hoc non posset infirmitas hominum, multò minùs id posset sexus infirmior fœminarum. *S. Aug. L. 2. de conjugiis adult.* n. 21.

vacité qu'ils éprouvent dans leur temperament (a).
Enfin une longue maladie, une longue captivité
obligent souvent les deux époux à garder la continence (b).

Le don inestimable de la foi a mis Levi dans
la nécessité de garder la continence au moins jusqu'à la mort de sa femme. Qu'il se fasse un merite
de ce qui est devenu pour lui un devoir indispen-
sable. Qu'il ne dise pas comme les Apôtres, *si
telle est la condition de l'homme avec sa femme,
il n'est pas expédient de se marier :* car J. C. ne répond à une pareille plainte, que par l'éloge de
la continence ; & S. Augustin ne lui tient pas un
autre langage. Mais *que le joug de la continence
ne l'effraye pas. Il sera léger, s'il sçait le rendre
le joug de JESUS-CHRIST même ; & il le
deviendra infailliblement, si ce Neophite est animé
d'une foi vive qui obtient de Dieu les vertus
qu'il nous commande de pratiquer.* (c) Ces belles
paroles de S. Augustin prouvent clairement, qu'il

Matth. 19. 10.

L. 2. de con-
jug. adult. n. 19.

(a) Solemus eis proponere etiam continentiam Clericorum, qui
plerumque ad eamdem sarcinam subeundam capiuntur inviti, eam-
que susceptam usque ad debitum finem, Domino adjuvante, per-
ducunt. *Ibid. n.* 22.

(b) Quid si aliquo diuturno & insanabili morbo corporis tenea-
tur conjunx, quo concubitus impediatur ? Quid si captivitas, vel vis
aliqua separet, ita ut sciat vivere maritus uxorem cujus sibi copia de-
negatur ; censesne admittenda incontinentium murmura, & permit-
tenda adulteria ? *Ibid. n.* 9.

(c) Non terreat sarcina continentiæ : levis erit, si Christi erit ;
Christi erit, si fides aderit, quæ impetrat à jubente quod jusserit.
Ibid. n. 20.

ne penſe pas qu'un Neophite marié dans l'infidélité , a acquis par ſon Baptême le droit d'é-
pouſer une ſeconde femme, pendant la vie de la
premiere; car autrement il auroit été fort inutile
de l'exhorter d'une maniere ſi touchante à garder
la continence. Ainſi , dans la penſée de S. Auguſtin , Levi ne pourroit épouſer aujourd'hui Anne
Thévart, ſans être par-là même convaincu d'avoir
deux femmes à la fois ; ce qui eſt ſévérement puni dans le Royaume , comme le remarque l'Au-
teur des Conférences de Paris ſur le mariage. Tom. 3. p. 4:

IX. On ſent deja par-tout ce qu'on a dit juſqu'ici,
quel doit être le ſort de l'appel comme d'abus, interjetté par Levi de la ſeconde Sentence de l'Officialité de Soiſſons. Mais avant d'en parler d'une
maniere plus circonſtanciée, il eſt bon de diſſiper
en peu de mots une illuſion qui pourroit s'être gliſ-
ſée dans l'eſprit de quelques perſonnes , relativement à la competence du Parlement, pour juger le
fond de la conteſtation dont Levi a ſaiſi la Cour par
un appel comme d'abus. Il s'agit , dira-t-on , d'un
dogme vrai ou ſuppoſé ; qu'on dit avoir été enſeigné par S. Paul dans le ſeptiéme Chapitre de ſa
premiere Epître aux Corinthiens. Il s'agit d'une
exception à la generalité d'un autre dogme ſur l'indiſſolubilité du mariage. Il s'agit de ſçavoir ſi les
Néophites ont le droit de renvoyer leurs femmes infideles pour en épouſer qui ſoient Catholiques. Or
les Parlemens, & en general les Puiſſances Sécu-
lieres, ne peuvent pas décider des dogmes. Il ſemble par conſequent que le Parlement ſoit incompé-
tent dans l'eſpece préſente.

On ſent que cette difficulté ne touche pas la

competence fur l'appel comme d'abus ; car le Parlement eft très-competent pour prononcer fur tout
appel comme d'abus. Levi reproche à l'Official de
Soiffons d'avoir contrevenu à une Loi de l'Eglife &
de l'Etat, en le déclarant définitivement non-recevable dans fa demande à contracter mariage avec
Anne Thévart. Or tous les appels comme d'abus,
de quelque efpece qu'ils foient, foit en matiere
temporelle, foit en matiere fpirituelle, reffortiffent
aux Parlemens. En un mot, chaque Parlement du
Royaume connoît par appel, comme d'abus de tout
ce qui eft fait par la Puiffance Ecclefiaftique dans
l'étendue de fon reffort. Ainfi non-feulement le
Parlement n'eft pas incompetent pour prononcer
fur l'appel comme d'abus interjetté par Levi, mais
même il eft feul competent pour prononcer fur cet
appel. Au refte, le Parlement pourroit prononcer
qu'il n'y a abus', dans le cas même où l'Official de
Soiffons auroit mal jugé au fond, comme le Confeil déclare tous les jours non admiffible une Requête en caffation d'Arrêt, quand le demandeur en
Requête ne peut reprocher à l'Arrêt qu'un mal jugé.
Le Parlement en difant qu'il n'y a abus, ne ferme-
roit point par cela même à Levi la voye de l'appel
fimple pardevant l'Official Metropolitain ; mais
après avoir dit qu'il n'y a abus, ne pourroit-il pas,
en faifant droit fur des conclufions prifes par le Miniftere public, défendre à Levi de fe marier avant
la mort de Mandel Cerf, & anéantir ainfi, au moins
indirectement, l'appel fimple pardevant le Metropolitain ? C'eft fur quoi le Confeil fouffigné s'ex-
pliquera, quand il aura examiné le mérite de l'appel comme d'abus ; & la difficulté qui vient d'être

propofée, pourra mériter alors quelqu'éclaiffement & quelques reflexions.

X. On a deja dit prefqu'en commençant, que l'appel comme d'abus, interjetté par Levi de la premiere Sentence de l'Official de Soiffons, eft infoutenable. L'appel comme d'abus, interjetté de la feconde, ne l'eft pas moins. Pour dire qu'il y a abus dans cette Sentence, il faudroit être en état de produire quelque Loi de l'Eglife & de l'Etat, qui permît à Levi de fe marier dans le cas où il fe trouve aujourd'hui. Or Levi & fes Défenfeurs font dans l'impoffibilité d'en produire une feule; car les opinions des Theologiens & des Canoniftes, qui fe détruifent les unes les autres, & qui fe trouvent inferées dans plufieurs Rituels, & même dans quelques Catechifmes, ne font certainement pas des Loix de l'Eglife & de l'Etat. Il eft vrai qu'on appuye ces opinions fur une interpretation du quinziéme Verfet de la premiere Epitre de S. Paul aux Corinthiens, chap. 7. Mais nos Theologiens & Canoniftes qui n'ont rien examiné, & qui fe font contentés de copier Gratien, fe font trompés fur l'explication de ce Verfet, comme ils fe font certainement trompés fur le fens qu'ils ont donné au Verfet 32. de l'Epitre de S. Paul aux Ephefiens, chap. 5. Leur interpretation eft même combattue par une maxime du Droit canonique françois, qui nous apprend que le Baptême remet bien les péchés, mais qu'il ne diffout pas les mariages: *Baptifmo folvuntur peccata, non conjugia.* Ce principe conforme à la doctrine des dix premiers fiecles de l'Eglife, a été confacré par un Concile tenu en France au milieu du neuviéme fiecle. Ce Concile vaut bien

le Concile du Mexique, tenu dans le seiziéme, &
qui a decidé en faveur de Levi. Le Canon du Concile de Meaux est la seule Loi qu'on puisse appeller
une Loi du Royaume dans l'espece présente; & cette
Loi adoptée & reconnue par Gratien & Innocent
III. eux-mêmes, décide formellement contre Levi.
Où est la Loi du Royaume qui décide qu'un Néophite marié dans l'infidelité, trouve dans son Baptême le privilege de rompre l'engagement le plus
solemnel & le plus sacré de la Societé civile? Il n'y en
a aucune. Il est vrai que quelques-uns des Rituels où
l'opinion des Theologiens & des Scholastiques a été
inférée, peuvent avoir été enregistrés dans les Parlemens du Royaume; mais les Parlemens en enre-
gistrant ces Rituels, n'ont jamais prétendu regarder
tout ce qui y est inseré, comme Loi de l'Eglise & de
l'Etat : une pareille prétention seroit des plus révol-
tantes, & pourroit entraîner après elle un très-grand
nombre d'inconveniens ; car il en faudroit conclure en particulier, que les dispositions de chaque
Rituel seroient des Loix de l'Eglise & de l'Etat,
quoique ces Rituels renferment souvent des dispositions & des reglemens entierement opposés. La
seconde Sentence que l'Official de Soissons a rendue
contre Levi, n'est donc en contradiction avec aucune Loi de l'Eglise & de l'Etat ; & par conse-
quent on ne peut la soupçonner de la plus legere
teinture d'abus.

Il est facile d'aller plus loin, & de prouver que
cette Sentence a même bien jugé au fond. Pour y
parvenir, il n'est pas nécessaire d'être Theologien
par état ; & encore moins de s'arroger des titres
qui appartiennent exclusivement aux Evêques & aux
Conciles.

Conciles. En effet, il faut diftinguer deux fortes d'autorités fur les matieres dogmatiques; l'une eft l'autorité de Jurifdiction qui n'appartient qu'à l'Ordre Ecclefiaftique; l'autre eft l'autorité de difcernement, de perfuafion, & de conviction. Celle-ci peut appartenir à tout le monde, même aux Laïques, parce qu'elle ne vient pas des perfonnes, mais dépend uniquement des raifons fur lefquelles on s'appuye. Tertullien, laïc & marié, eft mis au rang des Docteurs de l'Eglife, quoiqu'il foit mort dans l'heréfie & dans le fchifme. S. Profper eut l'honneur d'être affocié avec S. Auguftin, pour défendre contre les Pelagiens les plus fublimes verités de la grace. Quelle autorité avoient-ils? Celle de difcernement, de perfuafion & de conviction: en un mot, l'autorité que donnent la fcience, les lumieres, & les raifons folides. Or, on peut prouver d'après cette derniere efpece d'autorité, que la feconde Sentence rendue contre Levi par l'Official de Soiffons, a bien jugé au fond; car cette Sentence a été rendue fur l'autorité de l'Evangile & de S. Paul lui-même, expliqués par S. Auguftin qui eft après S. Paul, le plus grand Docteur de l'Eglife. L'Evangile & S. Paul décident, felon S. Auguftin, que le mariage eft indiffoluble dans tous les cas; parce que le Seigneur dit, fans aucune exception, *Nullâ exceptione factâ*, que tout mariage contracté légitimement eft indiffoluble, & que l'adultere & l'infidelité ne peuvent jamais en rompre le lien. Pour combattre une Sentence rendue fur des autorités fi refpectables, il faut en trouver une du même poids, qui faffe une exception à la regle generale, & qui décide que dans le cas de Levi par exemple, le

Baptême diſſout le lien du mariage. Il faudra donc trouver deux articles de foi, deux dogmes, deux verités revelées, dont l'une nous apprendra que le mariage eſt indiſſoluble dans la thèſe generale ; l'autre, qu'il peut ſe rompre néanmoins dans l'eſ-pece où ſe trouve Levi. L'exception, pour être admiſe, devra être auſſi claire que la regle, parce qu'on ne peut reſtraindre la generalité d'un dogme, que par une exception qui ſoit elle-même un dogme auſſi clair que la regle. Levi en convient, & il prétend en même-tems trouver cette exception dans S. Paul. Il faut donc dire que l'explication qu'il donne au quinziéme Verſet du ſeptiéme cha-pitre de la premiere Epitre aux Corinthiens, eſt une verité inconteſtable, & un ſecond dogme qui ſim-patiſe avec le premier. Il eſt néanmoins avoué que cette explication n'a pas encore acquis le titre de dogme ; qu'elle eſt douteuſe, quelque degré de probabilité qu'on puiſſe lui accorder. L'autorité ſeule de S. Auguſtin qui la combat, ſuffit pour la ranger dans la claſſe des opinions. Une opinion ne peut jamais détruire un dogme, ni même être miſe en paralelle avec lui, ſur-tout quand cette opinion a été inconnue pendant les dix premiers ſiecles de l'Egliſe. Ainſi l'Official a dû s'attacher à la genera-lité du principe, qui eſt un dogme, & abandonner l'opinion qui ne peut jamais être miſe en paralelle avec le dogme. L'Official de Soiſſons a dû par con-ſequent préferer le dogme à l'opinion ; d'où il ré-ſulte que la Sentence eſt réguliere même au fond. C'eſt en partant du même principe de raiſonnement, que le Concile de Trente fut arrêté par Soto, & qu'il n'oſa pas s'élever contre les raiſons de ce celebre

Théologien, qui foutint avec autant de force que de verité, que l'homme ne peut jamais rompre ce que Dieu a uni.

L'interpretation donnée au paſſage de S. Paul, n'étoit donc pas une verité certaine, univerſellement reconnue comme un dogme, lors de la vingt-quatriéme Seſſion du Concile de Trente, tenüe en 1563. Cette interpretation n'eſt donc pas un dogme, parce que le caractere eſſentiel de tout dogme, eſt d'avoir été cru univerſellement, en tout lieu, & en tout tems : *Quod ab omnibus, quod ubique, quod ſemper*. L'interpretation donnée au paſſage de Saint Paul n'eſt donc pas un dogme aujourd'hui, elle ne l'étoit pas l'année derniere, lorſque l'Official de Soiſſons a rendu ſa ſeconde Sentence. Quel parti doit-on prendre quand il n'y a pas de dogme d'un côté, & que d'ailleurs il y en a un dont on fait une profeſſion univerſelle aujourd'hui, comme on l'a faite dans tous les tems? On met à l'écart l'opinion, & on décide d'après le dogme. C'eſt la conduite qu'a tenue l'Official de Soiſſons : il eſt donc évident qu'il a bien jugé au fond, & que l'Official de Straſbourg a jugé au contraire, de la maniere la plus irréguliere & la plus révoltante.

XI. Ces réflexions développées ſous une autre face, préſentent un plan de conduite aux Magiſtrats chargés de prononcer ſur l'appel comme d'abus que Lévi a interjetté de la ſeconde Sentence de l'Officialité de Soiſſons. On n'obſervera pas que le mariage, qui regarde eſſentiellement l'ordre public, eſt de la juriſdiction immédiate de la puiſſance ſéculiere ; que les dogmes révelés dans le Nouveau Teſtament par rapport au mariage, n'alterent en rien

cette jurifdiction ; que c'eft en vertu de cette jurifdiction eſſentielle, que pluſieurs Princes Catholiques
ont fait des Loix pour autoriſer le divorce, quoique
Jeſus-Chriſt le défende de la maniere la plus formelle ; & que ces Princes, malgré qu'ils ayent abuſé
en cela de leur pouvoir, ne l'ont jamais perdu. On re-
marquera feulement, que les Loix de l'Evangile qui
condamnent la poligamie & le divorce, font des
Loix publiques de l'Eglife & de l'Etat, & que des
Magiftrats Catholiques ne peuvent s'en écarter dans
leurs Jugemens, fans ſe rendre coupables de préva-
rication & d'iniquité ; que ces Loix qui font en
vigueur aujourd'hui dans le Royaume, fans aucune
réclamation ni diviſion, doivent être les motifs
néceſſaires & invariables de leurs Arrêts ; que tous
les flots des opinions doivent venir fe briſer contre
ces principes inébranlables, que la vérité doit l'em-
porter fur l'erreur, & que le dogme ne doit jamais
être mis en paralelle avec l'opinion ; qu'ils doivent
tirer des préjugés, des diviſions & des incertitudes
des Theologiens & des Canoniſtes, de nouveaux
motifs de s'y attacher de jour en jour plus immuable-
ment que jamais, & faiſir toutes les occaſions d'empêcher qu'on ne leur donne atteinte.

Ces principes ſuppoſés, voici les raiſonnemens
qui s'offrent comme d'eux-mêmes à l'eſprit. Le Parlement ne peut pas juger du dogme, prononcer fur
le dogme, décider ce qui eſt ou ce qui n'eſt pas un
dogme. Cela eſt vrai, & on en convient. Mais le
Parlement peut juger des faits, & la connoiſſance
des faits eſt inconteſtablement de fa competence.
Le Parlement peut donc juger du fait, ſi tel point
de doctrine eſt reconnu univerſellement pour un

dogme, ou s'il ne l'est pas ; si l'explication que plusieurs Theologiens & Canonistes ont donnée sur l'autorité de Gratien, au 15e verset du chapitre 7. de la premiere Epître de S. Paul aux Corinthiens, est adoptée comme une exception dogmatique aux principes de foi sur l'indissolubilté du mariage. Ils se convaincront aisément que non, 1°. Parce que S. Augustin combat cette explication comme une erreur capitale. 2°. Par le fait de Pierre Soto au Concile de Trente. 3°. Par le silence de presque tous les Peres des dix premiers siécles de l'Eglise. 4°. Parce que le Canon *Si Infidelis* n'est pas de S. Gregoire à qui Gratien l'a attribué, mais d'un homme obscur, d'un schismatique & d'un sectateur des Luciferiens. 5°. Du fait presqu'universellement avoué aujourd'hui, que l'explication qu'on donne au texte de S. Paul, est au moins douteuse. D'où les Magistrats conclurent que cette explication, par cela même qu'elle n'est pas universellement reconnue pour un dogme de foi, ne leur ôte rien de l'autorité qu'ils ont essentiellement sur le mariage, ni du pouvoir qu'ils ont de le défendre en certains cas, & singulierement dans ceux ou des Sujets du Roy voudroient le contracter au mépris des deux dogmes universellement professés sur l'unité & l'indissolubilité du mariage ; dogmes révélés dans l'Evangile comme tout le monde en convient, & qui sont en même-tems des dogmes politiques de l'Etat, dont les Tribunaux ne se sont jamais départis par un seul Arrêt qui auroit été rendu en faveur de quelque Néophite, dans une espece semblable à celle où Levi se trouve aujourd'hui. En conséquence ils déclareront qu'il n'y a abus, & défendront à *Levi* de se marier avant la mort de Mandel Cerf sa legitime épouse. Ces Magistrats en faisant une pareille défense, n'interdiront pas directement la voye de l'appel simple auquel Levi pourroit avoir recours après avoir succombé dans son appel comme d'abus; ce qu'on ne pourroit faire sans entreprendre sur la liberté des Tribunaux Ecclesiastiques. Mais par une voye indirecte & oblique, ils rendront l'appel simple inutile, & frustratoire. Une pareille défense ne sera pas une entreprise sur l'autorité ou sur les droits de la Jurisdiction Ecclesiastique; mais l'exercice d'un droit légitime qui appartient essentiellement à tous les Parlemens du Royaume, & dont ils peuvent & doivent même faire usage comme protecteurs au nom du Roy, de l'Eglise & de l'Etat: toutes les fois que l'interêt de la societé, le bon ordre & le bien public, le maintien de la pureté des regles, la conservation & l'integrité du dogme universellement connu & professé, en un mot, toutes les fois que le bien de l'Eglise & de l'Etat paroîtront l'exiger comme dans l'espece présente, de leur zele, de leur vigilance, & de leur amour pour la Religion & pour la Patrie.

XII. Le Conseil soussigné estime donc, 1°. Qu'on ne peut reprocher aucune espece d'abus aux deux Sentences que l'Official de Soissons a rendues contre Lévi, & que ces deux Sentences ont même bien jugé au fond.

2°. Que la disposition du Rituel de Soissons, ensemble un Arrêt rendu au Conseil Souverain de Colmar, & invoqué par Levi, ne doivent faire aucune impression sur l'esprit de la Cour, parce que le Ministere public peut en tant que besoin seroit, interjetter appel comme d'abus de la difpofition du Rituel de Soiffons, relative au mariage des Néophites ; & qu'un Arrêt folitaire rendu dans un Tribunal étranger, & qui heurte au fond tous les principes, ne doit pas faire un préjugé dans une caufe de cette nature, & d'une fi grande importance.

3°. Que fur les conclufions du Miniftere public qui interjettera incidemment appel comme d'abus, de la Sentence rendue en l'Officialité de Strafbourg, la Cour eft très-bien fondée à défendre à Lévi de contracter un nouveau mariage avant la mort de Mandel Cerf, qui eft toujours fa femme légitime, malgré le Baptême de Lévi : parce que *le Baptême peut bien effacer les péchés, mais ne diffout pas les mariages.*

Déliberé à Paris ce 28 Décembre 1757.

LE RIDANT.

De l'Imprimerie de KNAPEN, au bas du Pont S. Michel.

www.ingramcontent.com/pod-product-compliance
Ingram Content Group UK Ltd.
Pitfield, Milton Keynes, MK11 3LW, UK
UKHW020022100726
13658UKWH00003B/1046